ゆんみの聴導犬《ちょうどうけん》サミー

わたしは心《こころ》を伝《つた》える犬《いぬ》

ゆんみの聴導犬《ちょうどうけん》サミー

わたしは心《こころ》を伝《つた》える犬《いぬ》

もくじ

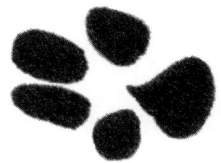

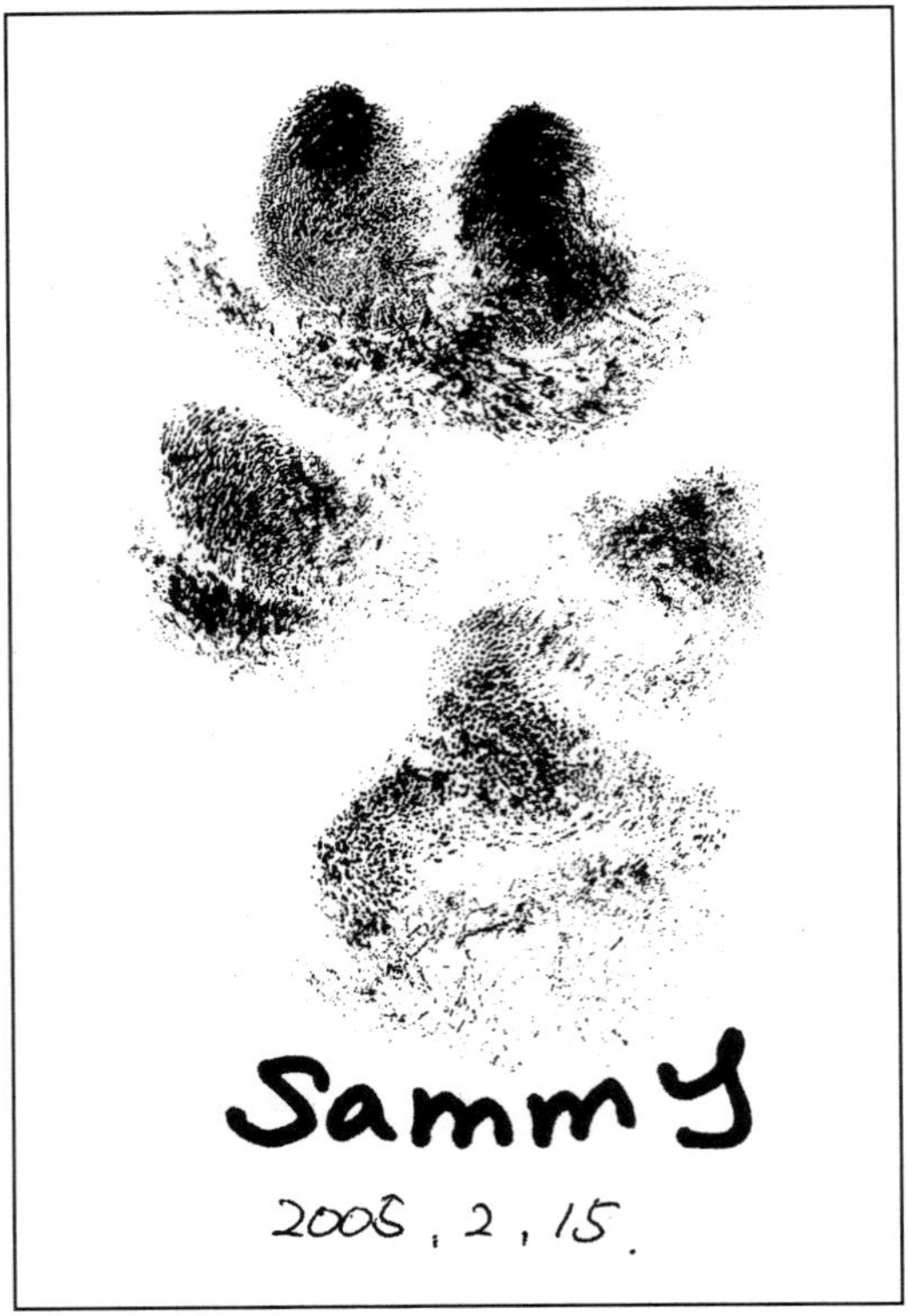

これはわたしの手形《てがた》です。
原寸です。

＊＊＊ 1章《しょう》 ＊＊＊＊

出会《であ》い

子熊《こぐま》ではありません。子犬《こいぬ》です、一応《いちおう》……

＊エピソード1＊

わたしの名前《なまえ》はサミー。

わたしが生《う》まれたのは二〇〇〇年《ねん》六月一日《がっついたち》。

場所《ばしょ》はアメリカのサンフランシスコの郊外《こうがい》。

一〇つ子《ご》のひとりとして生《う》まれたの。お母《かあ》さんの名前《なまえ》はアーチ。お母《かあ》さんは日本生《にほんう》まれだけど、アメリカのチャンピオン犬《けん》なんだ。お父《とう》さんもチャンピオン犬《けん》。おじいちゃんも、曾《ひい》おじいちゃんもチャンピオン犬《けん》なんだ。

でも、わたしはわたし。

生《う》まれたばかりのわたしは、ほかの兄弟《きょうだい》たちとお母《かあ》さんのおっぱい奪《うば》い合《あ》って、けんかしたり、じゃれあったりして、いそがしいんだ。

それにいっぱい寝《ね》て、いっぱいおっぱいを飲《の》んで、はやく大《おお》きくなりたいよ。

そのころ、ワシントンDC《ディーシー》の大学《だいがく》を卒業《そつぎょう》して、サンフランシスコに引《ひ》っ越《こ》そうとしている女《おんな》の子《こ》がいました。名前《なまえ》は「ゆんみ」といいます。ゆんみはサンフランシスコの大学院《だいがくいん》に入学《にゅうがく》するんだ。

ゆんみはね、耳《みみ》がきこえないんだ。

でもね、「ほんとうに聞《き》こえないの？」と言《い》われてしまうくらい、なんでもかんでも挑戦《ちょうせん》してしまう女《おんな》の子《こ》なんだ。そういうのって、「おてんば娘《むすめ》」なんていうね。ゆんみは、Ｆｉｄｏｓ《フィドス》（「補助犬《ほじょけん》」を訓練《くんれん》している団体《だんたい》）にも参加《さんか》して、いつの日《ひ》か聴導犬《ちょうどうけん》といっしょの生活《せいかつ》をおくりたいと考《かんが》えていた。

これから、サンフランシスコで新《あたら》しい生活《せいかつ》をはじめるゆんみ。

（サンフランシスコって、どんなところかな。たのしい毎日《まいにち》だといいのにな。勉《べん》強《きょう》もがんばらないと）

そんなことを考《かんが》えながら、ゆんみは引《ひ》っ越《こ》しの荷物《にもつ》を積《つ》んだピックアップバン（小型《こがた》のトラック）を運転《うんてん》し、サンフランシスコへ向《む》かっていた。

途中《とちゅう》、モーテル（値段《ねだん》の安《やす》い宿《やど》）に宿泊《しゅくはく》しながら、三日《みっか》かけて、ようやくたどり着《つ》いた。

（やれやれ、やっと着《つ》いた。くたびれたぁ）

ゆんみは、サンフランシスコ郊外《こうがい》の友人《ゆうじん》の家《いえ》に着《つ》くと、ほっと一息《ひといき》。でも、いつまでも友人《ゆうじん》の家《いえ》に泊《と》まるわけにはいかない。どこかに適当《てきとう》なアパートを探《さが》さないといけない。手元《てもと》に地元《じもと》の新聞《しんぶん》がある。

ゆんみは、それを手《て》にすると、いそいでページをめくり始《はじ》めた。

（えーと、どこか格安《かくやす》の空《あ》き部屋《べや》はないかな。なるべく大学院《だいがくいん》のそばがいいな）

ゆんみがめくっていた新聞紙《しんぶんし》には、不動産情報《ふどうさんじょうほう》が載《の》っていた。

でも、もっとおもしろい情報《じょうほう》も載《の》っていた。

『かわいい子犬《こいぬ》が生《う》まれました。どなたか、育《そだ》ててくれる人《ひと》、いっしょに犬《いぬ》と暮《く》らしてくれる人《ひと》、いませんか』

ゆんみは、その小《ちい》さな記事《きじ》がとても気《き》に入《い》ってしまった。

（わーお、子犬《こいぬ》だって。いいじゃない、これ。ハスキー、オーストラリア・シープドックは知《し》っているけどベルジアン・グロネンダールってなに？　まぁ、いいや。聴導犬《ちょうどうけん》に育《そだ》てていっしょに暮《く》らそう。なんだか、ドキドキしてきちゃった）

あれ？　空《あ》き部屋《べや》探《さが》しはどうなっちゃったの？

ゆんみは、さっそく、記事《きじ》のなかにあった問《と》い合《あ》わせ先《さき》に電話《でんわ》をかけた。

耳《みみ》が聞《き》こえないのに電話《でんわ》？　って、ふしぎに思《おも》うかもしれないけど、ＴＴＹ《ティーティーワイ》という特別《とくべつ》な電話《でんわ》なんだ。タイプライターみたいな電話《でんわ》で、オペレーターに文字《もじ》を打《う》つとそのオペレーターがゆんみの声《こえ》になって相手《あいて》に届《とど》くんだ。

「私《わたし》は、ゆんみといいます。子犬《こいぬ》の記事《きじ》、読《よ》みました。聴導犬《ちょうどうけん》に育《そだ》てたいので、ぜひ、譲《ゆず》ってください。なお、当方《とうほう》は耳《みみ》が聞《き》こえませんので、返事《へんじ》はメールにていただけると助《たす》かります」

（これでよしと……。でも、返事《へんじ》が来《く》るかなぁ）

ゆんみは不安《ふあん》だった。聞《き》こえないからという理由《りゆう》で、断《ことわ》られたり、無視《むし》されることがしばしばあったから。でも、ゆんみはいつも当《あ》たって砕《くだ》けろなんだ。

ゆんみは、それから一週間《しゅうかん》ほど、空《あ》き部屋《べや》探《さが》しでいそがしかった。

一週間後《しゅうかんご》、メールで返事《へんじ》が届《とど》いた。

「ゆんみさんへ。子犬《こいぬ》の件《けん》についてですが、聴導犬《ちょうどうけん》に育《そだ》てたいとのこと。犬《いぬ》とゆんみさんの相性《あいしょう》もありますから、実際《じっさい》にお会《あ》いしてから、具体的《ぐたいてき》に話《はなし》をすすめたいと思《おも》います。当方《とうほう》、〇月《がつ》〇日《にち》、郊外《こうがい》で催《もよお》されるドッグショーに参加《さんか》します。そこでお会《あ》いできたらと思《おも》います。当方《とうほう》、日本人《にほんじん》。カウボーイハットをかぶっています」

（やったあぁぁ）

ゆんみはうれしくなって、なんども読《よ》みかえした。それから、すぐに長《なが》い返事《へんじ》を書《か》いた。

＊エピソード２＊

いよいよ、その当日《とうじつ》がきた。

ドッグショーの会場《かいじょう》の駐車場《ちゅうしゃじょう》には、たくさんの犬《いぬ》たちがいた。

ゆんみは目《め》を丸《まる》くした。

(わぁお、こんなにたくさん、犬《いぬ》の種類《しゅるい》ってあるの。でっかいのから、ちっこいのまで。毛《け》のふさふさしたのもいれば、ツルツルのもいる。でも、どの犬《いぬ》もおとなしくて、お行儀《ぎょうぎ》がいいなぁ)

ドッグショーに参加《さんか》する犬《いぬ》たちが、ブラッシングを受《う》けたり、ヘアスプレーをかけられたりして、最終《さいしゅう》チェックを飼《か》い主《ぬし》から受《う》けていた。

(なんじゃ、こりゃ。私《わたし》が昔飼《むかしか》っていた犬《いぬ》とぜんぜん違《ちが》う。ヒエ～、みんなファッションモデルみたいな犬《いぬ》じゃん)

ゆんみは、そこにいる犬《いぬ》が自分《じぶん》よりエライようにも思《おも》えた。

ゆんみは、気《き》を取《と》り直《なお》して、自分《じぶん》に言《い》い聞《き》かせた。

(違《ちが》う、違《ちが》う。私《わたし》がここに来《き》た目的《もくてき》は、子犬《こいぬ》の相談《そうだん》だった。子犬《こいぬ》、子犬《こいぬ》……。で、カウボーイハットの日本人《にほんじん》。カウボーイハットはどこにいるのかなぁ)

メールではカウボーイハットの日本人《にほんじん》は、ベルジアン・グロネンダールの部《ぶ》に出《で》ているとのことだった。

(ベルジアンなんとかかんとかって、どこでやってるんだろう)

ゆんみは、会場《かいじょう》のあちらこちらを歩《ある》いた。

キョロキョロ、ウロウロ。ゆんみは迷子《まいご》になりそうだった。

(おっ、いたいた! カウボーイハットだ。しかも日本人《にほんじん》だ。周《まわ》りがみんな白人《はくじん》だから目立《めだ》つなぁ。しかも、あんなにキザにカウボーイハットをかぶっているから、よけい目立《めだ》つよなぁ)

日本人《にほんじん》カウボーイは、ハンドラーでベルジアンなんとかかんとかという犬《いぬ》のショーに出《で》ている。ゆんみは、そのショーが終《お》わるまで待《ま》っていた。

ショードッグを扱《あつか》う人《ひと》はハンドラーと言《い》うんだ。

ショーが終《お》わり、日本人《にほんじん》カウボーイがこちらに引《ひ》き上《あ》げてきた。

ゆんみは、片手《かたて》を上《あ》げ、日本人《にほんじん》カウボーイに合図《あいず》を送《おく》った。

気《き》がついたみたいだ。

「やぁ、あなたはゆんみさん？」

日本人《にほんじん》カウボーイが声《こえ》をかけた。ゆんみは、うなずいた。

ゆんみは、耳《みみ》はまったく聞《き》こえないけど、相手《あいて》の唇《くちびる》の動《うご》きをみて、おおよその言葉《ことば》を読《よ》みとることができるんだ。

ゆんみと、日本人《にほんじん》カウボーイとの「筆談《ひつだん》」が始《はじ》まった。

ゆんみは、どんな犬《いぬ》が欲《ほ》しいのか？　大《おお》きさはどれくらいがいいか？　住《す》んでいるのは一軒家《いっけんや》か、それともアパートか？　犬《いぬ》を散歩《さんぽ》させる公園《こうえん》などが近《ちか》くにあるか？　一人暮《ひとりぐ》らしか、それともほかに家族《かぞく》や同居人《どうきょにん》がいるか？　その人《ひと》たちから犬《いぬ》を飼《か》うことを了承《りょうしょう》してもらっているか？

根《ね》ほり葉《は》ほり聞《き》いてくる。ゆんみも一つひとつ、ていねいに答《こた》えていく。

犬《いぬ》だって生《い》きものなんだ。だから犬《いぬ》が欲《ほ》しいからすぐにあげますよ、というわけにはいかないんだ。犬《いぬ》がその家族《かぞく》の一員《いちいん》として幸《しあわ》せになれるかどうか、日本人《にほんじん》カウボーイは真剣《しんけん》に、ゆんみにたずねた。

ゆんみはハスキーがいいみたいだ。

「ハスキーが希望《きぼう》です。毛《け》がふさふさして、大《おお》きくて力《ちから》もありそうだし……」

「ハスキーはやめたほうがいい。聴導犬《ちょうどうけん》には向《む》かない」

「なぜ?」

「頭悪《あたまわる》いから。*註 でも力《ちから》なら負《ま》けない。勇敢《ゆうかん》だしね。でも聴導犬《ちょうどうけん》には向《む》かない」

「なるほど、そういうものですか。では、どんな犬《いぬ》が向《む》いているのですか?」

「ベルジアン・グロネンダールがいいでしょう。頭《あたま》がいい。そして仕事《しごと》が大好《だいす》きなんですよ」

へへへへ……。ベルジアン・グロネンダールというのはね、わたしのことだよ。わたしはまだちっちゃい子犬《こいぬ》だから、参加《さんか》できないけれど、いつかはこの日《に》本人《ほんじん》カウボーイといっしょに、ドッグショーで格好《かっこう》いいところ、みんなに見《み》せた

いな。

（でも、やっぱりハスキーがいい）

ゆんみはまだ言《い》い張《は》っている。ほんとに強情《ごうじょう》だ。

おいおい、ゆんみ。日本人《にほんじん》カウボーイがハスキーは向《む》かないと、言《い》っているだろ。このベルジアン・グロネンダールがいいでしょう、と言《い》ってるだろ。ゆんみは、ハスキーの生《う》まれ変《か》わりか？　頭悪《あたまわる》くて、強情《ごうじょう》で。

「ゆんみさん、ハスキーをペットとして飼《か》うならいいのですが、ハスキーを聴導《ちょうどう》犬《けん》にしようと思《おも》ったら、長《なが》い訓練期間《くんれんきかん》が必要《ひつよう》になりますよ。時間《じかん》も、それにお金《かね》もかかりますよ」

（お・か・ね……）

ゆんみは、頭《あたま》をかいた。おかね、の文字《もじ》で、グラリと心《こころ》が動《うご》いたようだ。

「グロネンなんとかが、やっぱりいいですかねぇ」

最初《さいしょ》からグロネンなんとかに、しておけって。

ゆんみ註：人間的な意味での、頭の良し悪しではなく、適正があるかどうかのことです。

「さっき、ゆんみさんが見《み》ていたショーの犬《いぬ》が、グロネンダールです」

ゆんみが見《み》たのは真《ま》っ黒《くろ》のコリーみたいな感《かん》じの大人《おとな》の犬《いぬ》。

ゆんみは、（エエエッ、あれですかぁ）って顔《かお》をした。

エエエッとはなんじゃ。黒《くろ》くて足《あし》もほっそりして、敏捷《びんしょう》で、よくよく見《み》ればすごく格好《かっこう》いいんだぞ。

「黒《くろ》くて、なんだか格好《かっこう》いいですね。グロネンダールの子犬《こいぬ》、お願《ねが》いできますでしょうか」

あれ？　わたしの気持《きも》ちが通《つう》じたのかな。ようやく、ゆんみの心《こころ》が決《き》まったようだ。わたしたち兄弟《きょうだい》のうちの誰《だれ》かが、ゆんみの家《いえ》にいくことになった。確率《かくりつ》は一〇分《ぶん》の一だ。

ところで、空《あ》き部屋《べや》探《さが》しはどうなったのかというと、どうにかこうにか安《やす》いアパートが見《み》つかった。でも、ペットは禁止《きんし》のアパートなんだ。

ゆんみは、どうする気《き》なんだろう。こっそり飼《か》うのかな。

ゆんみは、子犬《こいぬ》を譲《ゆず》り受《う》ける日本人《にほんじん》カウボーイに、なにかの証明書《しょうめいしょ》を書《か》いてくれるように頼《たの》んでいた。その証明書《しょうめいしょ》があるとだいたいどこでも大丈夫《だいじょうぶ》だといっていた。

アメリカにはね、ＡＤＡ《エーディーエー》法《ほう》というのがあるんだ。聴導犬《ちょうどうけん》や盲導犬《もうどうけん》、あるいは介助犬《かいじょけん》といった補助犬《ほじょけん》は、公共施設《こうきょうしせつ》に入《はい》ったり、アパートに住《す》むときに差別《さべつ》されないというものなんだ。

なるほど、それで犬《いぬ》を飼《か》うことを禁止《きんし》されているアパートでも、ゆんみの聴導《ちょうどう》犬《けん》は大丈夫《だいじょうぶ》なんだ。でも、まだ正式《せいしき》な聴導犬《ちょうどうけん》ではなかったから人間用《にんげんよう》のではなく犬用《いぬよう》の保証金《ほしょうきん》だけ払《はら》うことになった。犬用《いぬよう》のアパート代《だい》を請求《せいきゅう》するアパートオーナーもいるのだから、保証金《ほしょうきん》だけですんだのは、ある意味《いみ》とてもラッキーだった。

正式《せいしき》な聴導犬《ちょうどうけん》ならば、そういった心配《しんぱい》はなくなるんだけどね。ゆんみのところにくる子犬《こいぬ》は、まだ聴導犬《ちょうどうけん》じゃないから、まぁ、しょうがないよね。

てすむ）

（私《わたし》の犬《いぬ》は、ぜったいに聴導犬《ちょうどうけん》にしてみせる。そうすれば余計《よけい》なお金《かね》を払《はら》わなく

ゆんみは、拳《こぶし》に力《ちから》を込《こ》め、人間《にんげん》の神《かみ》さまに誓《ちか》ったそうだ。

おいおい、またお金《かね》か。ゆんみの神《かみ》さまも大変《たいへん》だなぁ。神《かみ》さまだけじゃないぞ、そうとうに貧乏《びんぼう》なゆんみの家《いえ》の子《こ》になる犬《いぬ》も大変《たいへん》だぞ。それに「聴導犬《ちょうどうけん》」というのにさせられちゃうんだぞ。ああ、なるべくわたしはパスさせてください。わたしは、グロネンダールの神《かみ》さまに祈《いの》った。

いよいよ、子犬《こいぬ》を譲《ゆず》り受《う》ける日《ひ》がやってきた。

その日《ひ》の朝《あさ》、ゆんみはアパートの窓《まど》から青《あお》い空《そら》の向《む》こうで輝《かがや》いている太陽《たいよう》に向《む》かって、（きょうも、ハッピーでありますように……、もとい、きょうは特《とく》にハッピーでありますように）とお祈《いの》りした。

わたしも、その日《ひ》の朝《あさ》、ポカポカと顔《かお》に差《さ》す太陽《たいよう》の光《ひかり》に向《む》かって、（きょうも、

たのしい一日《にち》にするんだ）と約束《やくそく》した。

＊エピソード３＊

ゆんみは、きょう、どこかへ出《で》かけるようだ。

わたしはその日《ひ》の朝《あさ》、車《くるま》に乗《の》せられた。お母《かあ》さんもいない。ほかの兄弟《きょうだい》たちもいない。わたしひとり。どこに行《い》くのかな？　でも、おもしろそうだな。生《う》まれて初《はじ》めての外出《がいしゅつ》だもん。

着《つ》いたのはドッグショーの会場《かいじょう》。

わぁー、いっぱい犬《いぬ》がいるぞ。

わたしはサミーよ、初《はじ》めまして。ねぇねぇ、遊《あそ》ぼうよ。ワンワンッ。

「サミー、うるさいよ。静《しず》かにしとれ！」

怒《おこ》られちゃった。[＊註] 車《くるま》の中《なか》で留守番《るすばん》させられた。車《くるま》の中《なか》で、ショーが終《お》わるのをまった。窓《まど》の外《そと》から、拍手《はくしゅ》や場内《じょうない》アナウンスが聞《き》こえてくる。でも、見《み》えないし、

ゆんみ註：ドッグショーではワンワンと鳴《な》くことは厳禁《げんきん》です。デバークといって声帯《せいたい》を切《き》ることもあるそうです。

つまらないなぁ。

しばらくすると、だれかわたしをのぞき込《こ》んでいる。

ちょっと、だれよ、あんた。

わたしをのぞいている女《おんな》の人《ひと》も、わたしと同《おな》じような気持《きも》ちらしい。

(なによ、この犬《いぬ》。子熊《こぐま》みたいじゃないの。それに、ちっとも頭《あたま》のいい犬《いぬ》には見《み》えない!)

失礼《しつれい》しちゃうわね。

ああ、なんとドラマチックな二人《ふたり》の出会《であ》い。これが、ゆんみとわたしの最初《さいしょ》の出会《であ》いだった。二人《ふたり》とも「なんだコイツ」って思《おも》ってた。

用意《ようい》してもらったケージに入《い》れられた。少《すこ》し遊《あそ》んだら暑《あつ》くなって、ワンワン。

「こらっ!」

水《みず》をもらった。

わーっ、冷《つめ》たいなぁ。水浴《みずあ》びだ。周《まわ》りを水浸《みずびた》しにしちゃえ!

わーい、わーい、水《みず》だ！　水遊《みずあそ》び大好《だいす》きだもんね 🐾

のどがかわいたよ。水《みず》を飲《の》もう……あれ？　さっきまであった水《みず》はどこ？

日本人《にほんじん》カウボーイが笑《わら》っている。ゆんみはポカンとした顔《かお》。

ゆんみはわたしを抱《だ》き上《あ》げた。

（なんだ、これは？　やっぱり頭《あたま》の悪《わる》い子熊《こぐま》じゃないの。だまされたか）

ゆんみは、そう思《おも》っている。そう思《おも》いながらも、わたしを抱《だ》きかかえたまま、ドッグショーの会場《かいじょう》に設営《せつえい》されたペットショップで、いそいそと買《か》い物《もの》をしている。

買《か》ったものは、ケージ、ボウル二つ（水差《みずさ》しと餌《えさ》いれ）、リード、カラー、おもちゃ、食《た》べ物《もの》。

買《か》い物《もの》が終《お》わり、日本人《にほんじん》カウボーイとの待《ま》ち合《あ》わせ場所《ばしょ》に戻《もど》った。

ゆんみはわたしが重《おも》かったのか、地面《じめん》に下《お》ろした。

ああ、おしっこしたい！

わたしは、下《お》ろされると同時《どうじ》に、ゆんみといっしょにいた彼氏《かれし》の足《あし》におしっこしちゃった。

うふふふふふ。

日本人《にほんじん》カウボーイはあわてて彼《かれ》の足《あし》を拭《ふ》いてあげた。でも、彼氏《かれし》は気《き》にしていなかった。子犬《こいぬ》だし、それに、彼《かれ》も犬《いぬ》が好《す》きだった。

しばらくして、車《くるま》に乗《の》せられた。ゆんみの車《くるま》だ。窓《まど》の外《そと》で、それまでいつもいっしょだった日本人《にほんじん》カウボーイが、悲《かな》しい顔《かお》をしている。

わたしはゆんみのところへ遊《あそ》びに行《い》くだけでしょ？

車《くるま》はどんどん走《はし》っていく。

考《かんが》えているあいだにもうすぐゆんみのアパートに着《つ》く。

うわー、初《はじ》めての車酔《くるまよ》い。気持《きも》ち悪《わる》い。

〈オエーッ〉

わたしはゆんみの太《ふと》ももにゲロを吐《は》いた。ゆんみは、さっと手《て》を出《だ》して受《う》けとめた。素早《すばや》い動《うご》きだ。

と、思《おも》うまもなく、二度目《どめ》の〈オエーッ〉がきたよ。

ゆんみはすかさず、手《て》を出《だ》して受《う》けとめようとしたけど、今度《こんど》は太《ふと》ももからこぼれ落《お》ちて、車《くるま》の中《なか》に広《ひろ》がった。ゆんみは彼《かれ》に早《はや》く新聞紙《しんぶんし》をもってこいと言《い》っている。新聞紙《しんぶんし》で、ゆんみは車《くるま》の中《なか》をせっせと掃除《そうじ》した。

記念《きねん》すべき第一号《だいいちごう》、車酔《くるまよ》いゲロでした。

アパートに着《つ》いた。

ここはどこだ？　ゆんみのにおいがいっぱいだぞ。

部屋《へや》を隅《すみ》から隅《すみ》まで嗅《か》ぎまわった。そしたら、ゆんみがわたしにボールをなげてくれた。買《か》ったばかりのボールだ。

わーっ、ポンポン、コロコロ。口《くち》にくわえたよ。そしたらゆんみが、それを横《よこ》取《ど》りしようとするんだ。これはわたしがつかまえたボールなんだぞ。渡《わた》すもんか。

でも、とられちゃった。そしたら、ゆんみがまたボールをなげてくれた。つかまえた。ゆんみがそれを横取《よこど》りしようとする。また、なげてくれる。なんだか、たのしいな。走《はし》って、くわえて、引《ひ》っぱりっこをして、また走《はし》って。

その日《ひ》の夜《よる》、初《はじ》めてひとりで寝《ね》たんだよ。部屋《へや》にはだれもいない。


ゆんみはどこ？

昼間《ひるま》あんなに遊《あそ》んでくれたのに、なんでひとりぽっちにしてしまうの？

ひどいや。ゆんみ。いっしょに寝《ね》てくれないの？


クーンクーンとずっと泣《な》いた。でも、ゆんみは来《き》てくれない。*註
新《あたら》しい家《いえ》に、ママも兄弟《きょうだい》もいない。すごく寂《さみ》しいよ。怖《こわ》いよ。

結局《けっきょく》は朝《あさ》まで泣《な》いていたから、近所《きんじょ》から苦情《くじょう》がゆんみにきた。

ゆんみはわたしを抱《だ》いて、事情《じじょう》を説明《せつめい》した。

「あらぁ、かわいいワンちゃん。そういう事情《じじょう》ならしょうがないけど、でもね、できるだけ静《しず》かにね。せっかくの日曜日《にちようび》の朝《あさ》だからゆっくり寝《ね》たいもの」

「すみません、三日間《みっかかん》はそれがつづくと思《おも》いますので、よろしくお願《ねが》いします」

ゆんみ註：ハンドラーさんから、しつけのために「二、三日は、ひとりで寝かせてください」と言われていました。かわいそうだったけど、しかたがなかったんだよ。ゆんみもつらかったんだよ。

＊エピソード４＊

でもね、ゆんみはやさしいよ。わたしのことをちゃんと見《み》ていてくれて、気持《きも》ちもわかってくれた。だから、ゆんみがわたしの新《あたら》しいママなんだとわかった。

どこへ行《い》くにしてもゆんみのうしろを追《お》いかけた。

よちよちと。

頭《あたま》が重《おも》いんだよね。バランスが取《と》れないんだよね。

頭《あたま》と体《からだ》の大《おお》きさが同《おな》じくらいで、人間《にんげん》でいう二等身《にとうしん》。

わたしのたのしみはね、朝《あさ》ごはん。

パクパク。

美味《おい》しいなあ。もうないよ。

ボウルをくわえて、ゆんみにお代《か》わりをおねだりした。ゆんみは少《すこ》しだけだよと追加《ついか》してくれた。やさしいなぁ。うれしいな。

あー満腹《まんぷく》。

見《み》てみてお腹《なか》がぷーと膨《ふく》らんでいるよ。〈ほんとうに子熊《こぐま》みたいな状態《じょうたい》〉

あー眠《ねむ》い。

グーグー。

ゆんみは、わたしのことを〈子熊《こぐま》みたいだ〉って思《おも》っているけど、わたしは羊《ひつじ》飼《か》いの仕事《しごと》を手伝《てつだ》うことが得意《とくい》なんだ。だから、まわりのいろんなことに関心《かんしん》と注意《ちゅうい》がいくんだ。だから、ゆんみのこともしっかり観察《かんさつ》した。

それは生《う》まれながらに持《も》っているシープドッグの本能《ほんのう》。トイレに行《い》くときも、お風呂《ふろ》に入《はい》るときもずっとゆんみを見《み》ていた。お風呂《ふろ》やトイレはね、ドアの前《まえ》で待《ま》っていたんだよ。ゆんみはわたしに「私《わたし》は羊《ひつじ》じゃないんだから」と迷惑顔《めいわくがお》で言《い》っているけど、そんなの関係《かんけい》ないね。それがわたしの持《も》って生《う》まれた性分《しょうぶん》だもん。

それからね、ゆんみはずっと手話《しゅわ》で話《はな》している。

ふーん。ゆんみは声《こえ》を出《だ》すけど手話《しゅわ》のほうが生《い》き生《い》きしているね。顔《かお》の表情《ひょうじょう》も豊《ゆた》か。ゆんみを見《み》ていればわかる。

なるほどね。じゃあ、わたしもそうすればいいんだ。ゆんみに伝《つた》えたいことはわたしの顔《かお》と体《からだ》で表現《ひょうげん》したらいいんだね。

そのためには、いつもゆんみが見《み》えるところにいるようにすればいいんだ。ゆんみがうしろを向《む》けば、わたしはゆんみがわたしの顔《かお》が見《み》えるように移動《いどう》する。

そうすればいつも、わたしのこと見《み》てくれるよね。

＊エピソード5＊

ゆんみがわたしに教《おし》えてくれた最初《さいしょ》の手話《しゅわ》は、「座《すわ》れ」だったんだよ。

ゆんみがドライフードの一個《こ》をわたしの頭《あたま》にもってきた。

それくれるの！　うれしい！

ドライフードが鼻《はな》の先《さき》にあるよ。いいにおい。ゆんみがドライフードをもった手《て》を上《あ》げると、ペタンと座《すわ》れた。

うわぁ、上手《じょうず》。

ゆんみはすごくよろこんだ。そして、ササッと手《て》を動《うご》かした。それは、ＡＳＬ《エーエスエル》（America《アメリカ》 Sign《サイン》 Language《ランゲージ》＝英語《えいご》による手話《しゅわ》）の「座《すわ》れ」という意味《いみ》なんだよね。

でも、最初《さいしょ》はわからなかった。

ゆんみ、なにやってるの？　なんで、手《て》を動《うご》かしているの？

え？　もう一回《かい》、同《おな》じことをやるの？　いいよ、またドライフードをもらえるんだよね。それが、三日《みっか》つづいた。

あっ、そうか、こうやって手《て》を動《うご》かすのは、「座《すわ》れ」っていう意味《いみ》なんだね。

ゆんみが、手《て》を動《うご》かした。「座《すわ》れ」という手話《しゅわ》だ。

うん、座《すわ》るよ。ペタリ。

「わぁー、サミー、やったね。わかったんだね」

ゆんみがものすごくよろこんだ。なにしろ、生《う》まれて初《はじ》めて、ゆんみと手話《しゅわ》で意思《いし》を通《かよ》わせた瞬間《しゅんかん》なんだもんね。

ゆんみはビデオカメラをまわして、もう一回《かい》「座《すわ》れ」って言《い》った。わたしが座《すわ》るところを、ビデオで記録《きろく》した。

＊エピソード6＊

ゆんみが一番大変《いちばんたいへん》だったことはわたしのトイレだったんだよね。

アパートを汚《よご》してしまうと、引《ひ》っ越《こ》しするときにきれいにしなくてはいけないから、お金《かね》がかかるとゆんみは心配《しんぱい》したんだ。だから、ゆんみはいつわたしがトイレにいきたくなるのか、目《め》をひからせていたんだ。

わたしがトイレしたくなって、うずうず回《まわ》っているとすかさずトイレへ連《つ》れてくれた。その中《なか》でトイレすると、ほめてくれた。それを何回《なんかい》か繰《く》り返《かえ》した。そして、あるとき、ゆんみはわたしを信《しん》じてくれたんだよ。わたしがトイレしたくなって、うずうずしてもトイレへ連《つ》れていってくれない。トイレはあそこにある。

あっちだよね？　あそこでトイレしたらいいんだよね？

ゆんみを見《み》たら、ウンとうなずいている。

自分《じぶん》でトイレに入《はい》った。自分《じぶん》のおしっこのにおいがする。

ここでいいんだよね？　あっているよね？

わたしは、思《おも》いきってトイレした。

ザァー。あーいい気持《きも》ち。すっきりした。

ゆんみは大《おお》よろこびで、〝サミー。えらい！Good《グッド》！Good《グッド》 Girl《ガール》！〟ってほめてくれたんだ。うれしかった。

＊エピソード７＊

ゆんみとの生活《せいかつ》が何日《なんにち》かすぎたころ。

ゆんみはパソコンとにらめっこしている。ネットでなにかを探《さが》している。なにやっているんだろう？

「ここがいい。よし、行《い》こう」

ゆんみはパソコンを閉《と》じて、わたしを抱《だ》きかかえた。そして、ゆんみの赤《あか》いボ口車《ぐるま》に乗《の》せてくれた。

どこへ行《い》こうとするんだろう？

車《くるま》はあっという間《ま》に着《つ》いた。

Animal《アニマル》 Hospital《ホスピタル》.

なんだろう、ここは？　ゆんみは受付《うけつけ》で、筆談《ひつだん》している。書類《しょるい》にサインしているぞ。

あっ。目《め》の前《まえ》に不細工《ぶさいく》なデブ猫《ねこ》がいるぞ。威張《いば》っているなあ。わたしを無視《むし》しやがる。

なんだこの猫《ねこ》は？　あっ、ほかにも犬《いぬ》がいたのか。ここはなんなの？

しばらくするとゆんみはわたしをかかえて、小《ちい》さな部屋《へや》に入《はい》った。白《しろ》い服《ふく》を着《き》たおっさんがいるぞ。ゆんみが、そのおっさんになにか話《はな》している。わたしのことみたいだぞ。白《しろ》い服《ふく》を着《き》たおっさんが、わたしを抱《だ》きかかえて、隣《となり》の小部屋《こべや》へ連《つ》れていこうとする。ゆんみは心配《しんぱい》そうな顔《かお》でそれを見《み》ている。

えっ、ゆんみ！　わたしはどうなるの！

と思《おも》っている間《ま》に、お尻《しり》がチクリ！　痛《いた》いじゃないの、ちょっと！*註
数週間《すうしゅうかん》がたった。六回《かい》の予防注射《よぼうちゅうしゃ》も終《お》わったよ。

そんなある日《ひ》のこと、ゆんみがネットで、またなにかを探《さが》している。見《み》つかったみたいだ。ゆんみは、少《すこ》し大《おお》きくなったわたしをよいしょとかかえて、出《で》かけた。

しばらく車《くるま》を走《はし》らせると、着《つ》いた。

シャワーのにおい。シャンプーのにおいもする。ケージがたくさんある。犬《いぬ》がいっぱいいる。病院《びょういん》じゃないみたいだ。猫《ねこ》がいないもんね。おもちゃがいっぱいだ。ここはどこだろう。

ゆんみは、「きれいになるんだよ」と言《い》い残《のこ》し、わたしにバイバイと手《て》を振《ふ》って、どこかに行《い》っちゃった。


きれいに？

ゆんみ註：子犬は生まれてから6回、およそ2週間おきに予防注射を打つことになっています。サミーはこれが2回目でした。

ゆんみ註：一般家庭にあるシンクよりも大きくて深いシンクです。

初《はじ》めてそんな言葉《ことば》を聞《き》いたよ。きれいってなんだろう？

しばらくすると、女《おんな》の人《ひと》が、わたしをかかえて、大《おお》きなシンク*註に運《はこ》んだ。

シンクに入《い》れられたら、水《みず》が落《お》ちてきた。

うわっ、水《みず》だ。

なにするのっ！　びっくりするじゃないのっ！

シャワー？　なにそれ？　シャワーモンスターじゃないの？

シャワーが終《お》わって、ふーと思《おも》ったら今度《こんど》はシャンプーだ。ヒヤッとして冷《つめ》たい。コジコジ……マッサージだ。ああ、気持《きも》ちいいな。あれ？　泡《あわ》が出《で》てきたよ。泡泡《あわあわ》プクプク。それが終《お》わったら、またシャワー。泡《あわ》がどんどん消《き》えていく。

ふー、やっと終《お》わった。

ブルブルブルッ！

つぎは、台《だい》の上《うえ》に乗《の》せられた。今度《こんど》はなんだよ！

ゴーッと、すごい音《おと》とともに、熱《あつ》い風《かぜ》を出《だ》す機械《きかい》。ドライヤー？　いつもゆんみが髪《かみ》を乾《かわ》かすときに使《つか》っているヤツと同《おな》じだ。

アチアチッ。なにするのっ！　毛《け》が熱《あつ》いじゃないのっ！

でもそのうちに、気持《きも》ちがよくなってきたよ。毛《け》がふわふわになる。いいにおいもしてきた。これがきれいになるっていうこと？

しばらくして、ゆんみが迎《むか》えに来《き》た。

「うわーきれい！　美人《びじん》だ」

そう？

あのね、これって、グルーミングと言《い》うの。予防接種《よぼうせっしゅ》が終《お》わって、外出《がいしゅつ》ができるようになったから、わたしのためにゆんみがなけなしのお金《かね》をはたいて、「犬《いぬ》の美容院《びょういん》」に連《つ》れていってくれたんだ。[*註] ありがとう、ゆんみ。

＊エピソード8＊

ゆんみは、「いよいよ、これから本格的訓練《ほんかくてきくんれん》だよ」って言《い》う。

ゆんみ註：6回の予防接種が終わるまで、サミーは外出ができませんでした。ドライヤーもかけられませんでした。タオルで体を拭くだけです。予防接種も終わり、美容院にもいったのでこれで散歩もできるし、ほかの犬と遊ぶこともできるようになりました。

なんだろう、訓練《くんれん》って？

サンフランシスコはＳＰＣＡ《エスピーシーエー》と呼《よ》ばれる聴導犬訓練所《ちょうどうけんくんれんしょ》がある。

ゆんみはいつもと同《おな》じように積極的《せっきょくてき》な行動《こうどう》で、ネットで連絡先《れんらくさき》を確認《かくにん》し、ＳＰ《エスピー》ＣＡ《シーエー》で働《はたら》いている聴導犬訓練士《ちょうどうけんくんれんし》と連絡《れんらく》を取《と》った。

ゆんみはその家《いえ》にわたしを連《つ》れて訪問《ほうもん》した。サンフランシスコの海辺《うみべ》の近《ちか》くの家《いえ》だった。ほんのり潮風《しおかぜ》のにおいがした。

玄関《げんかん》が階段《かいだん》の上《うえ》にある。ゆんみが、わたしに「のぼれ」って言《い》う。

初《はじ》めて見《み》る階段《かいだん》。

怖《こわ》い。のぼらないぞ。

ゆんみはずんずんと上《あ》がっていくから、まねしょうかな？　でも怖《こわ》いよ。

階段《かいだん》の下《した》でウロウロしていたら、ゆんみが見《み》かねて、わたしを抱《だ》きかかえてくれた。

そうこなくっちゃ。ラクチン、ラクチン。

リビングでゆんみと訓練士《くんれんし》さんが話《はな》しをしている。

わたしは、そのあいだに、いつものようにお邪魔《じゃま》します、くんくんとにおいを嗅《か》いだ。まんべなく、部屋《へや》一つひとつ、においを嗅《か》いでいく。ある部屋《へや》では、ケージの中《なか》にいた犬《いぬ》に吠《ほ》えられてびっくりした。やけに大《おお》きい声《こえ》だなぁ。そんなに吠《ほ》えなくたって、ちゃんと聞《き》こえてますよ。別《べつ》の部屋《へや》にも、でっかい犬《いぬ》がいた。

この犬《いぬ》はぜんぜん吠《ほ》えない。しっぽを振《ふ》ってあいさつした。

リビングに戻《もど》ると、話《はな》しが終《お》わっているみたいで、訓練士《くんれんし》さんがわたしを見《み》ている。そして、わたしに向《む》かって、笛《ふえ》を鳴《な》らしたり、テーブルを叩《たた》いて、大《おお》きな音《おと》を出《だ》している。


なにしているんだろう？　そんなもの無視《むし》だもんね。

まるっきり反応《はんのう》しないわたしを見《み》て訓練士《くんれんし》は驚《おどろ》いていた。訓練士《くんれんし》さんが、お手本《てほん》にさっきのぜんぜん吠《ほ》えない、わたしとしっぽを振《ふ》ってあいさつした犬《いぬ》を呼《よ》んだ。訓練士《くんれんし》さんが笛《ふえ》を鳴《な》らすと、その犬《いぬ》は鼻《はな》を使《つか》って訓練士《くんれんし》さんの太《ふと》ももにタッチした。その訓練士《くんれんし》さんは難聴者《なんちょうしゃ》で音《おと》が必要《ひつよう》な人《ひと》でした。

でも、ゆんみとわたしには関係《かんけい》ないもん。だって、ゆんみは音《おと》にぜんぜん反応《はんのう》しないんだもん。だから、ゆんみがそうなら、わたしもそうするのだと思《おも》っていたんだもん。音《おと》なんか気《き》にしなくても平気《へいき》だもん。

だってさ、いいよね。手話《しゅわ》を見《み》ていればいいよね。通《つう》じているんだからいいよね。

「普通《ふつう》、犬《いぬ》は音《おと》に反応《はんのう》するものですよ。サミーは変《か》わった犬《いぬ》ですよね」

訓練士《くんれんし》さんが、ゆんみに言《い》っている。

わたしは、変《か》わってなんかいないよ。なにをするときも、すべて目《め》で見《み》て、確《かく》認《にん》するもん。ゆんみがそうだから、わたしもそうしているだけだもん。

わたしは家《いえ》の探索《たんさく》をつづけ、その手本《てほん》すら見《み》ていなかった。完全《かんぜん》に自分《じぶん》の世界《せかい》にはまっていた。訓練士《くんれんし》さんは工夫《くふう》して美味《おい》しい肉《にく》をわたしに見《み》せては音《おと》の訓練《くんれん》を試《こころ》みた。でも、わたしはそんなニンジン作戦《さくせん》は効《き》かないよと、完全《かんぜん》に無視《むし》しまくっては新《あたら》しいおもちゃを見《み》つけて遊《あそ》んでいた。

音《おと》には関心《かんしん》がないんだよね。それよりは、リビングに置《お》いてあるおもちゃで遊《あそ》んだほうがたのしいもん。

わたしは完璧《かんぺき》にゆんみと同《おな》じように聾犬《ろうけん》として行動《こうどう》していた。なにをするときもすべて目《め》で見《み》て確認《かくにん》するもん。ゆんみがそうだから。

ゆんみはハハハハハッと笑《わら》ってわたしを見《み》た。ゆんみには十分《じゅうぶん》わかっていたんだよね。ただ、どうやって音《おと》をわたしに教《おし》えてあげればいいか、その訓練方法《くんれんほうほう》を知《し》りたかっただけだった。あとはゆんみなりに工夫《くふう》して、わたしを訓練《くんれん》することだけだった。

この潮風《しおかぜ》のにおいがする家《いえ》をあとにするとき、ゆんみは絶対《ぜったい》にわたしを聴導犬《ちょうどうけん》として育《そだ》てるぞと、しかめっ面《つら》になった。でも、赤《あか》いオンボロ車《ぐるま》を運転《うんてん》しているうちに、いつもの笑顔《えがお》に戻《もど》った。

わたしはというと、うしろのシートでまたまた〈オエーッ〉って吐《は》いていた。

わたしが車酔《くるまよ》いすることも、ゆんみは訓練士《くんれんし》さんと相談《そうだん》していた。そしたらね、車《くるま》に慣《な》れさせるにはなるべく遠乗《とおの》りしたほうがいいんだって。

三〇分《ぷん》とか短《みじか》い時間《じかん》じゃなくて、二時間《じかん》とかいった長《なが》い時間《じかん》乗《の》せることで慣《な》れさせるんだって。

ゆんみは今《いま》までいろいろ工夫《くふう》していたんだよね。

車《くるま》に乗《の》せるときは食事《しょくじ》を抜《ぬ》くか、食後《しょくご》四時間《じかん》以上《いじょう》たってからとか。吐《は》くとしたら窓《まど》の外《そと》で吐《は》かせる、車内《しゃない》ではなく、外《そと》の空気《くうき》を吸《す》えば少《すこ》しでも楽《らく》じゃないかな？と言《い》うふうに。どれも効果《こうか》はなかった。車酔《くるまよ》いがなくなったのは吐《は》いて五回目《かいめ》くらいだったかな。

わたしって慣《な》れるの早《はや》いんだよ。環境順応性《かんきょうじゅんのうせい》があるんだよ。エッヘン。

そうそう、慣《な》れるといえば、まだあった。わたしね、決《き》まった場所《ばしょ》以外《いがい》はトイレができなかったんだよ。ゆんみはこのころからどんどんいろいろなところへ連《つ》れていってくれたの。あるときは、一二時間《じかん》もトイレをがまんしたことがある。

ゆんみは途中《とちゅう》で、トイレの場所《ばしょ》を探《さが》しては、ここでしてねって言《い》ってくれたけど、わたしはうんちも、おしっこさえも出《で》なかった。

クンクン、それわたしのトイレ場所《ばしょ》じゃないよ。

一二時間《じかん》後《ご》、ゆんみのアパートに着《つ》いたら猛烈《もうれつ》に走《はし》り出《だ》してトイレの場所《ばしょ》へ行《い》っては長《なが》い長《なが》いおしっこをしたものです。

ゆんみは、怒《おこ》った。

「ばかもの、がまんはよくないぞ。トイレしたくなったら、してもいい場所《ばしょ》でするんだよ」

そんなことを何回《なんかい》か繰《く》り返《かえ》して、ゆんみがいいよと言《い》われたら、どこでもトイレができるようになった。

＊エピソード9＊

ゆんみはその後《ご》、何人《なんにん》もの訓練士《くんれんし》さんからいろいろなアドバイスをもらった。

「サミーは子犬《こいぬ》だし、まだ十分《じゅうぶん》に可能性《かのうせい》はあるよ」

そんなひと言《こと》にはげまされて、わたしに「音《おと》」にどういう意味《いみ》があるのか、ゆんみなりの訓練《くんれん》を始《はじ》めたんだ。

そうそう、ゆんみは困《こま》っていたことがあったんだ。

ときどき、ゆんみはピザの宅配《たくはい》を頼《たの》むんだ。

頼《たの》んでから二〇分《ぷん》か三〇分《ぷん》で、ホカホカのピザを持《も》ってデリバリーの人《ひと》が来《く》る。

でもね、いつ来《き》たのかわからないんだ。

だから、来《き》そうな時間《じかん》になると、窓《まど》から外《そと》を見《み》たり、玄関《げんかん》のドアを開《あ》けたりしなくっちゃいけないんだ。ドアにも、

『聾《ろう》なので、来《き》たら直《す》ぐには出《で》られません。少《すこ》し待《ま》ってください』

と貼《は》り紙《がみ》をしていた。

「サミーが教《おし》えてくれれば、すぐにドアまで行《い》けるし、いちいち窓《まど》から確認《かくにん》しなくてもいいのにな」

ゆんみはそう言《い》う。

デリバリーの人《ひと》がドアをノックする音《おと》がわたしには聞《き》こえる。

でも、ゆんみには聞《き》こえない。

だれか、来《き》たよ。

って、ゆんみに知《し》らせたいけど、どうしたらいいの？

窓《まど》とドアの近《ちか》くで、グルグル回《まわ》るけど、ゆんみがわたしを見《み》ないとわからない。

ゆんみが寝室《しんしつ》とかトイレに入《はい》っていたら、なおさらわたしはどうしたらいいの？

ある日《ひ》、ゆんみはわたしが窓《まど》の近《ちか》くでグルグル回《まわ》っているのを見《み》て、ようやく気《き》がついた。ゆんみがやって来《き》て、窓《まど》から外《そと》を見《み》てくれた。デリバリーの人《ひと》が玄《げん》関《かん》に立《た》っていることに気《き》がついたんだ。

ピザのお兄《にい》さんは、迷惑《めいわく》そうな顔《かお》をしていた。

「さっきからずっと立《た》って待《ま》っていました！」

ゆんみが、「すみません」とあやまっている。

チップを多《おお》めにあげてピザを受《う》け取《と》ったんだ。

音《おと》が聞《き》こえないっていうのは、お腹《なか》がすくね。

ゆんみは工夫《くふう》を重《かさ》ねて「音《おと》が鳴《な》ったら教《おし》えてね。サミーは聞《き》こえるんだから。わたしは音《おと》を無視《むし》しているんじゃなくて聞《き》こえないの。だからお知《し》らせランプがついているんじゃない」

ゆんみが言《い》う。

お知《し》らせランプというのは、電話《でんわ》やチャイムが鳴《な》ると、ランプがつく仕掛《しか》けになっているんだ。ゆんみは光《ひかり》の点滅《てんめつ》を見《み》て、電話《でんわ》やチャイムが鳴《な》っていることを確認《かくにん》できるんだ。

でも、いつもランプを見《み》ているわけじゃないから、たいていの場合《ばあい》は見《み》すごしてしまう。

ゆんみが寝《ね》ているときとか、トイレやお風呂《ふろ》に入《はい》っているときは、役《やく》に立《た》たないんだ。

音《おと》が鳴《な》るたびに反応《はんのう》するようなしぐさを見《み》せたらゆんみはすかさずフードをくれた。

ふーん。

音《おと》に反応《はんのう》したら偉《えら》いことなんだ。ごほうびがもらえるのだから。

わかったよ。音《おと》が鳴《な》ってるよ、ってゆんみに知《し》らせたらいいんだね。

だから、音《おと》が鳴《な》るたびに、ゆんみの目《め》の前《まえ》に行《い》くようにしたんだ。そして、

鳴《な》ってるよ、鳴《な》ってるよ！

って知《し》らせたよ。ゆんみは、すごくよろこんだ。

また、玄関《げんかん》のチャイムが鳴《な》った。このにおいは、わたしの大好《だいす》きなピザだ。

ゆんみのところに行《い》って、グルグル回《まわ》った。

「あ、ピザが来《き》たのね。サミー、グッド！」

ゆんみはわたしの行動《こうどう》でなにを言《い》いたいか、すべてわかってくれる。

＊エピソード10＊

ここカリフォルニアも葉《は》っぱの色《いろ》が変《か》わり始《はじ》めて秋《あき》らしくなった。わたしも乳《にゅう》歯《し》が抜《ぬ》けて、大人《おとな》の体《からだ》つきになった。ちょうどそのころ、初《はじ》めて体《からだ》にメスを入《い》れた。二〇〇〇年《ねん》十一月《がつ》十八日《にち》だった。

それは避妊手術《ひにんしゅじゅつ》だった。

わたしはなにも知《し》らずに、いつものように動物病院《どうぶつびょういん》へゆんみがわたしを連《つ》れていった。麻酔《ますい》をかけられ、気《き》がついたら手術《しゅじゅつ》は終《お》わっていた。でも、ゆんみは手《しゅ》術《じゅつ》が終《お》わっても、迎《むか》えに来《こ》なかった。

おかしいなあ。ゆんみはいつもならすぐに迎《むか》えに来《き》てくれるのに。

一日《にち》だけ入院《にゅういん》した。それにしても病院《びょういん》って居心地《いごこち》が悪《わる》い！　翌日《よくじつ》、ゆんみが迎《むか》えに来《き》た。

寂《さみ》しかったよ！

麻酔《ますい》も手術《しゅじゅつ》も初《はじ》めてのこと、わたしの体《からだ》の調子《ちょうし》が狂《くる》って、床《ゆか》におしっこしちゃ

った！（そのときはトイレのしつけはできていたんだよ。それをハウスブレイクって言《い》うんだよ。英語《えいご》でね）

手術跡《しゅじゅつあと》をなめないようにするために、首《くび》に変《へん》なものをつけられた。

なんじゃ、こりゃ？　なんだか、お腹《なか》が涼《すず》しいよ。それに、痒《かゆ》いし……。

それにしても、この首《くび》についた変《へん》なものはじゃまだなぁ。遊《あそ》びにくいよ。

ゆんみはそれをおもしろがって、おもちゃをあっちこっちに投《な》げて遊《あそ》んでくれるけど、首《くび》にある変《へん》なもののために、まわりがよく見《み》えない。だから、椅子《いす》とか机《つくえ》にぶつかっちゃうんだ。

ゆんみは、そんなわたしを見《み》てケラケラ笑《わら》っている。

いつもなら、かじってバキバキとその白《しろ》い変《へん》なものをこわすんだけどできなかった。無駄《むだ》なあがきをやめて、ゆんみにとっての漫才犬《まんざいいぬ》になっていた。おもしろければ笑《わら》いやあいいんだよ。ふんだ。

この首《くび》の変《へん》なものが取《と》れるまで、二週間《しゅうかん》かかった。手術跡《しゅじゅつあと》を抜糸《ばっし》したんだ。

＊エピソード11＊

初《はじ》めての海《うみ》へ。

ゆんみは行動家《こうどうか》だからわたしをあっちこっちへと連《つ》れていってくれた。

サンフランシスコの海《うみ》。いつものようにリードをつけての散歩《さんぽ》。でも、見《み》るとたくさんの犬《いぬ》がノーリードでたのしそうに遊《あそ》んでいる。ゆんみはわたしをノーリードで遊《あそ》ばせていいものかどうか、迷《まよ》っている。わたしはまだノーリードで遊《あそ》んだことがないもんね。

ゆんみは、わたしの顔《かお》を見《み》て、リードを解《と》いてくれた。

〝Sammy《サミー》 Go《ゴー》（行《い》け！）！〟

いいの？

思《おも》いっきり走《はし》りまわった。初《はじ》めて砂浜《すなはま》を走《はし》る。砂浜《すなはま》はサラリとしているんだな。走《はし》っていたら、まわりにいた雄犬《おすいぬ》たちが追《お》いかけてきた。怖《こわ》いよ。走《はし》って逃《に》げた。

海《うみ》は青《あお》いし、浜辺《はまべ》を走《はし》るのは気持《きも》ちがいいけど、この水《みず》はまずい…

わたし足《あし》が速《はや》いんだよね。あっという間《ま》に、逃《に》げることができた。

ゆんみが心配《しんぱい》して、わたしを呼《よ》んだ。

わははは。

はいよ、ゆんみの側《そば》にいますよ。

ゆんみはわたしがちゃんと戻《もど》ったのを安心《あんしん》して、もっと遊《あそ》んでもいいよって、言《い》ってくれた。

〝Go《ゴー》（行《い》け）！ Sammy《サミー》〟

波打《なみう》ち際《ぎわ》に行《い》った。波《なみ》って変《へん》だよ。追《お》いかけると逃《に》げるし、逃《に》げると追《お》いかけてくる。それに、すごくしょっぱいぞ。

ん？ いつも飲《の》んでいる水《みず》とは違《ちが》うな。

〝あああああああ。しょっぱい。ぺっぺっ〟

ゆんみはいつものように、ビデオカメラでわたしを撮影《さつえい》している。

＊エピソード12＊

ゆんみはわたしを聴導犬《ちょうどうけん》として育《そだ》てるために、いろいろな場所《ばしょ》へ連《つ》れていってくれた。は社会学習《しゃかいがくしゅう》した。

ある日《ひ》、ゆんみはわたしを大《おお》きな建物《たてもの》に連《つ》れていった。

どこだろう、ここは？

でっかい玄関《げんかん》。チケットを買《か》うときにゆんみはわたしのことを説明《せつめい》した。

「サミーは聴導犬《ちょうどうけん》になるため、いま社会学習《しゃかいがくしゅう》として訓練《くんれん》しています。ですので、入《い》れてください。もし、迷惑《めいわく》をかけるようであればすぐにも出《で》ます」

そうか、ここは犬《いぬ》は入《はい》っちゃいけない建物《たてもの》なんだ。

やばいぞ、わたしの行動《こうどう》でゆんみが怒《おこ》られちゃうんだ。いい子《こ》にしないといけないんだ。できるよ、がんばるよ。

建物《たてもの》の中《なか》から、鳥《とり》の鳴《な》き声《ごえ》や、水《みず》しぶきの音《おと》が聞《き》こえる。いろんな動物《どうぶつ》がいる建物《たてもの》みたいだ。動《うご》くものや、変《か》わった生《い》きものにはすごく興味《きょうみ》があるし、すぐに追《お》いかけたくなるわたしだから、がんばるとは言《い》ったものの、大丈夫《だいじょうぶ》かなぁ。ゆんみは、「大丈夫《だいじょうぶ》です」って、係《かかり》の人《ひと》に言《い》っている。

ほんと？　初《はじ》めて見《み》る動物《どうぶつ》ばっかりなんだよ。興奮《こうふん》しちゃうよ、きっと。

「サミー、ここは水族館《すいぞくかん》よ。吠《ほ》えたり、走《はし》ったりしてはいけないよ。わかった？」

うん、わかった。わたし、ゆんみのあとにくっついていくよ。

薄暗《うすぐら》い入《い》り口《ぐち》から、中《なか》に入《はい》った。

人《ひと》がゆっくり歩《ある》いている。大《おお》きな水槽《すいそう》があり、ラッコやイルカが泳《およ》いでいるのが見《み》える。ゆんみも、それを見《み》ている。でも、ときどき、わたしのほうをチラッと見《み》る。

大丈夫《だいじょうぶ》だって。わたしはまわりを見《み》て、考《かんが》えて判断《はんだん》することができるんだよ。

ほかの人《ひと》が騒《さわ》いでないから、ここはおとなしくしなくっちゃいけない場所《ばしょ》なんだと、わかるんだよ。ゆんみが、ニコニコしてる。そこには鳥《とり》もいたけど、ゆんみは心配《しんぱい》でわたしを鳥《とり》がいるところには連《つ》れていかなかった。

「よしよし、これなら聴導犬《ちょうどうけん》になれそうだね、サミー」

＊エピソード13＊

わたしはゆんみが料理《りょうり》する台所《だいどころ》で待《ま》つのが大好《だいす》き。だって、時々《ときどき》おいしい物《もの》が落《お》ちてくるんだもん。

毎回《まいかい》ドッグフードだけってつまらない。人間《にんげん》はずるい。いろいろなものを食《た》べられるんだもん。だから、少《すこ》しくらい分《わ》けてよ。

でも、ゆんみにはルールがあった。テーブルの上《うえ》に足《あし》を乗《の》せるな、テーブルの上《うえ》のものは食《た》べるなって。それに、道《みち》に落《お》ちているものも食《た》べちゃいけない。食《た》べようとするとゆんみはすごく怒《おこ》る。

だから、わたしの唯一《ゆいつ》のたのしみはゆんみが料理《りょうり》している時間《じかん》。ゆんみが料理《りょうり》しているときは料理《りょうり》で手《て》がいっぱい。だから、わたしのしつけまで目《め》がいかない。

ゆんみが料理《りょうり》していると、ときどき、ニンジンとかじゃがいもが落《お》ちてくるんだ。

パクッ。

ゆんみは怒《お》らない。少《すこ》しの野菜《やさい》はいいだろうと見逃《みのが》してくれる。大好《だいす》きなのはキャベツ。ときどき分《わ》けてくれる。

が、ある日《ひ》とんでもない物《もの》を食《た》べちゃったんだ。目《め》が飛《と》び出《だ》して、耳《みみ》から煙《けむり》が出《で》ているような感《かん》じ。それは長《なが》ネギ。なによこれっ！　ゆんみはそれを食《た》べるの？

信《しん》じられない！　タマネギは平気《へいき》だったけど、長《なが》ネギはダメだ。

＊エピソード14＊

ゆんみは大学院生《だいがくいんせい》だ。勉強《べんきょう》している。授業《じゅぎょう》を受《う》けるために、昼間《ひるま》、車《くるま》で大学院《だいがくいん》に行《い》く。

わたしも、連《つ》れていって！

「サミー、残念《ざんねん》だけど大学院《だいがくいん》はダメなの。お家《うち》でお留守番《るすばん》」

行《い》っちゃった。

ひとりぼっち。寂《さみ》しいよお。

おやつをいっぱい置《お》いていったけど、そんなのいらない。

おもちゃもいらない。ゆんみといっしょがいいよぉ。

ゆんみの靴《くつ》があるぞ。ゆんみのにおいがする。

ガブッ。

あっ、噛《か》んじゃった。なんでだろう？　噛《か》みたくなっちゃう。

こっちのゴミ箱《ばこ》。

特《とく》にゆんみが鼻《はな》をかんで捨《す》てたテッシュペーパーが大好《だいす》き。いつも、ゆんみにばれるととっさに奥《おく》に隠《かく》してしまうのさ。

靴《くつ》をかじって、ゴミ箱《ばこ》をひっくりかえして、お昼寝《ひるね》して……。

あれれ、いつの間《ま》にかゆんみが、大学院《だいがくいん》から帰《かえ》ってくる時間《じかん》。

帰《かえ》ってきたよ。

ゆんみ、お帰《かえ》り！　ずっと、いい子《こ》で待《ま》ってたよ！

泥棒《どろぼう》でも入《はい》ったような散《ち》らかりよう。ゆんみはわたしを見《み》て、

「あああああああ」

ゆんみが、声《こえ》を出《だ》した。

なんで？

そうか、部屋《へや》がちょっと散《ち》らかっているからね。靴《くつ》もぼろぼろになっているからね。それで、驚《おどろ》いて声《こえ》を出《だ》したんだね。そんなの、気《き》にしない、気《き》にしない。

ゆんみが帰《かえ》ってきたから、もう靴《くつ》は噛《か》まないし、ゴミ箱《ばこ》だってひっくりかえさないよ。だから、〈あああああ〉って、驚《おどろ》かなくていいんだよ。怒《おこ》ってるの？

ゆんみはわたしが部屋《へや》を散《ち》らかすことと、わたしが寂《さみ》しいと吠《ほ》えて、近所《きんじょ》に迷惑《めいわく》をかけていることに悩《なや》んでいた。

やむを得《え》ず、デバーク首輪《くびわ》を着《つ》けることを決心《けっしん》した。*註
そのことは以前《いぜん》にハンドラーと相談《そうだん》していた。わたしが寂《さみ》しくて吠《ほ》えるのを止《や》

めさせるにはどうすればいいかと。まずひとつは、ドッグショーの犬《いぬ》と同《おな》じようにデバークする。もうひとつはデバーク首輪《くびわ》を着《つ》ける。

ゆんみはわたしの声帯《せいたい》を切《き》ることができなかった。声《こえ》が出《で》るのにわざわざ人間《にんげん》の都合《つごう》で切《き》るのはどうかと思《おも》うし、犬《いぬ》の権利《けんり》を奪《うば》うのは嫌《いや》で、犬《いぬ》は犬《いぬ》らしく、吠《ほ》えるときは吠《ほ》えて欲《ほ》しいという気持《きも》ちからデバーク首輪《くびわ》を着《つ》けることにした。

あのね、それって痛《いた》いんだよ。その首輪《くびわ》は吠《ほ》えたらピッって感電《かんでん》する仕組《しく》みになっているの。わたしが知《し》らずに吠《ほ》えたらものすごく痛《いた》かった。それを着《つ》けられたら、わたしは悲《かな》しくなってじっとしている。ゆんみは一度《いちど》だけその首輪《くびわ》で感電《かんでん》した。

痛《いた》いでしょ！　モー！

わたしだって、あんな痛《いた》い思《おも》いは一度《ど》で十分《じゅうぶん》。おかげで、わたしは寂《さみ》しくても吠《ほ》えない女《おんな》の子《こ》になった。

結局《けっきょく》ゆんみが買《か》ったデバーク首輪《くびわ》は、わたしとゆんみが一回《かい》こっきり感電《かんでん》した

ゆんみ註：デバークとは「声帯」を手術で取ることを言います。デバーク首輪とは吠えたら電気ショックを与えて、吠えないようにする、しつけのための首輪です。あまりお勧めできるシロモノではありません。

だけで用済《ようず》みになった。

＊エピソード15＊

ある日《ひ》の夜《よる》、わたしはわたしを見《み》た。

びっくり。なんでこんなに似《に》ているんだ。動《うご》きまでまねしているんだ。

なんだこいつは。

ウウウウウウウウウウウ。ウウウウウウウウウウウウ。

うわー、気持《きも》ち悪《わる》い奴《やつ》だな、一回走《いっかいはし》りまわれば、退《しりぞ》くかな？

ダダーン。

どうだ？　まだいやがるのか。

グルグル回《まわ》って、これならどうだ？　まだいるよ。よおし、思《おも》いっきり走《はし》りまわってまいてやるぞ。

ダダーン、ダダッ。

数回《すうかい》、それを繰《く》り返《かえ》した。ゆんみはわたしを見《み》て笑《わら》っている。そして、いつものようにビデオカメラで撮影《さつえい》している。

なにがおかしいんだ？

それが二、三日《にち》つづいた後《あと》、なんでもないことだと理解《りかい》した。

だって、そいつはベランダの窓《まど》に、わたしが映《うつ》っていただけですから。

＊エピソード16＊

ある夜《よ》ふけに、ベランダでガタッと音《おと》がした。

何者《なにもの》！　出会《であ》え！　出会《であ》え！　ん？

気《き》がついたのはわたしだけ。

ゆんみ、ベランダになにかいるよ。

また、音《おと》がする。ゆんみは、ぐっすり寝《ね》ている。

大変《たいへん》だよお。なにかいるよ。ゆんみ、はやく起《お》きて！

寝《ね》ぼすけのゆんみは、なかなか起《お》きない。なんとしても、起《お》こさないと。わたしはゆんみのベッドに走《はし》っていって、吠《ほ》えた。そして、毛布《もうふ》やシーツを引《ひ》っぱった。

「どうしたの、サミー。シーッ、吠《ほ》えちゃダメ！」

ゆんみはわたしが異常《いじょう》に吠《ほ》えることでただごとじゃないと判断《はんだん》して寝《ね》ぼけながらもわたしについてきた。

ベランダのドア開《あ》けて！

開《あ》けてもらって最初《さいしょ》に目《め》にしたのは、散《ち》らかされたわたしの餌箱《えさばこ》。ドッグフーが散乱《さんらん》している。おかしいな。クンクン。なんのにおいだ？

ん？　なにか動《うご》いたぞ。

そいつはすばやく木《き》の上《うえ》に走《はし》っていった。

猫《ねこ》？　違《ちが》う。猫《ねこ》のにおいじゃない。それに猫《ねこ》が犬《いぬ》の餌《えさ》を横取《よこど》りに来《く》るか？

木《き》の上《うえ》をじっと見《み》る。ヘンテコな生《い》きものがいた。ギョロッとした目《め》。どんがった鼻《はな》。お尻《しり》が大《おお》きい。

よくもわたしのご飯《はん》を盗《ぬす》んだな。お尻《しり》が大《おお》きい割《わり》には跳躍力《ちょうやくりょく》があるな。

数日《すうじつ》たった夜《よる》。また、ベランダで音《おと》がする。

ゆんみ、またあいつが来《き》たよ。

ゆんみを起《お》こした。寝《ね》ぼけまなこのゆんみ。

(あーたぶん、このあいだ、サミーの食《た》べものを荒《あ》らしのヤツだな)

ゆんみは、すぐにわかって、ベランダの窓《まど》へいった。手《て》には、ビデオカメラ。

ゆんみがベランダのドアを開《あ》けてくれた。わたしは、すかさず、そいつに突進《とっしん》していった。

そいつは、意外《いがい》にすばしっこくて、あっという間《ま》に、木《き》に登《のぼ》って逃《に》げてしまった。わたしは木《き》に登《のぼ》れない。

ウウウウウッ。

カブッってやりたかったけど、木《き》の上《うえ》じゃどうにもならない。

フェアじゃない。だってわたし木《き》に登《のぼ》れないモン。

「サミー、あれはね、アライグマっていう動物《どうぶつ》よ。この近《ちか》くに住《す》んでいるみたいだね」

アライグマ？　そんなヤツ知《し》らないよ。あいさつもなく、わたしの家《いえ》に侵入《しんにゅう》するなんて、許《ゆる》せない。

「サミー、偉《えら》いね。ちゃんと教《おし》えてくれて、ありがとう」

＊エピソード17＊

生《う》まれてから、ようやく半年《はんとし》がすぎた。

ゆんみはわたしのためにアパートから車《くるま》ですこし走《はし》ったところに、「犬《いぬ》の公園《こうえん》」を見《み》つけてくれたんだ。その場所《ばしょ》はわたしの大好《だいす》きな遊《あそ》び場《ば》。車《くるま》がその公《こう》園《えん》に近《ちか》づくとわくわくするんだ。

ここはノーリードＯＫ《オウケイ》。

犬《いぬ》たちは自由《じゆう》に広《ひろ》い芝生《しばふ》の公園《こうえん》の中《なか》で、跳《と》んだりはねたりしてたのしんでいる。

しかも、「うんち用《よう》ゴミ箱《ばこ》」「うんち袋《ぶくろ》」「水飲《みずの》み場《ば》」「おもちゃ」などあらゆる物《もの》はそろっているんだよ。

（飼《か》い主《ぬし》にやさしいよね。飼《か》い主《ぬし》さんがうんち袋《ぶくろ》を忘《わす》れても、その場《ば》にあるからちゃんとうんち処理《しょり》ができるんだよ。至《いた》れり尽《つ》くせりって感《かん》じだね）

でっかい犬《いぬ》や、怖《こわ》い顔《かお》の犬《いぬ》や、いっぱいいるぞ。

最初《さいしょ》、わたしは照《て》れ屋《や》なので犬《いぬ》たちと遊《あそ》ぶことができず、ゆんみの後《あと》をつけるだけだった。

わたしは、まだ子犬《こいぬ》だけど、いっぱいいろんな犬《いぬ》が、遊《あそ》ぼう、遊《あそ》ぼうって近《ちか》づいてくる。

わぁー、嫌《いや》だ嫌《いや》だ。ゆんみの側《そば》がいいよぉ。

ゆんみが笑《わら》っている。

そんなある日《ひ》のこと、アパートに一匹《ぴき》のボーダーコリーがやってきた。名前《なまえ》は「レックス」。

ゆんみはね、犬《いぬ》の里親探《さとおやさが》しのボランティアをしているんだ。レックスは、まだ里親《さとおや》が現《あらわ》れないので、里親《さとおや》が現《あらわ》れるまでの期間《きかん》、ゆんみが預《あず》かることになったんだ。アパートは犬禁止《いぬきんし》なのに、そこはゆんみの粘《ねば》りと執念《しゅうねん》で、なんとか大家《おおや》さんを説得《せっとく》した。

ボーダーコリーは大型犬《おおがたけん》。レックスは頭《あたま》もいいし、社交的《しゃこうてき》。吠《ほ》えないし、しつけもちゃんとしている。たちまち、わたしと仲良《なかよ》しになった。

わたしにとっては、最初《さいしょ》の友《とも》だち。レックスは大人《おとな》の犬《いぬ》だったから、生《う》まれて半年《はんとし》のわたしに、いろんなことを教《おし》えてくれた。

犬同士《いぬどうし》のあいさつの仕方《しかた》。犬同士《いぬどうし》の遊《あそ》び方《かた》。どこまで本気《ほんき》で取《と》っ組《く》み合《あ》ったらいいか、どこまで以上《いじょう》にやったらほんとうのケンカになってしまうかなど、いっぱい教《おし》えてくれた。

ゆんみがうんち袋《ぶくろ》を忘《わす》れても、これがあればうんち処理《しょり》はバッチリさ！！

仲良《なかよ》しで、いいお兄《にい》ちゃんだったレックス（右《みぎ》の鼻《はな》のまわりが白《しろ》いのがレックス兄《にい》ちゃんです）

「犬《いぬ》の公園《こうえん》」で、ほかの犬《いぬ》たちとどう付《つ》き合《あ》って、どう遊《あそ》んだらいいかを、教《おし》えてくれたのもレックスなんだ。

公園《こうえん》で、レックスといっしょに走《はし》っていると、ほかの犬《いぬ》たちもいっしょになって走《はし》るんだ。走《はし》っているうちに、どの犬《いぬ》が一番力《いちばんちから》が強《つよ》いか、どの犬《いぬ》がリーダーか、どの犬《いぬ》が長老《ちょうろう》かがわかるんだよね。それに、お尻《しり》のにおいで、元気《げんき》かどうか、病《びょう》気《き》をしているかどうかも、わかるんだ。

そういうのがわかるとね、ケンカしたりしないんだ。犬《いぬ》には犬《いぬ》の社会《しゃかい》ルールがあることを、レックスは教《おし》えてくれた。ゆんみに頼《たよ》る必要《ひつよう》がないからね。だから、レックスが来《き》てからは、ほかの犬《いぬ》と遊《あそ》べるようになったんだよ。えっへん！　レックスと同《おな》じように友好的《ゆうこうてき》な犬《いぬ》になったんだよ。

ありがとうね、レックス！

そして、レックスは新《あたら》しい飼《か》い主《ぬし》が見《み》つかったんだ。寂《さみ》しくなるよ。短《みじか》い期間《きかん》だったけど、わたしにとってはかけがえのない期間《きかん》だったよ。

そうそう、ゆんみはレックスが家《いえ》にやってきたから、すっごく楽《らく》になったんだって。どうしてかというと、わたしがゆんみに遊《あそ》ぼうって催促《さいそく》しなくなったから。

そうだね。いつもゆんみがレポートでパソコンに向《む》かっているの wo
我慢《がまん》してじっと見《み》ていたんだよ。邪魔《じゃま》したら悪《わる》いと思《おも》っていたの。

でもね、ゆんみったらひどいのよ。

聞《き》いて、あのね、ゆんみがレポートでキーボートやマウスを動《うご》かしていたのね。えらいなあ、人間《にんげん》ってたくさん勉強《べんきょう》するんだなあと思《おも》ったら、なんか違《ちが》うんだよね。さっきよりキーボートを打《う》つ音《おと》が柔《やわ》らかくなったし、打《う》つ数《かず》が減《へ》ってるし……。よし、遊《あそ》びの催促《さいそく》するぞ。おもちゃを持《も》っていったけど、無視《むし》された。このおもちゃがいけないんだな、じゃぁ、ほかのおもちゃ。これも無視《むし》。じゃぁ、これ……、ゆんみの足元《あしもと》がおもちゃだらけになった。それでも無視《むし》。

なんだよ、ゆんみっ！

わたしは怒《おこ》って、必殺《ひっさつ》、爪突《つめつ》きをゆんみの太《ふと》ももにくり出《だ》した。

痛《いた》いっ！

ゆんみがふり返《かえ》ったとき、パソコンのモニターが見《み》えた。

なんだよそれ、やっぱりトランプゲームじゃん。勉強《べんきょう》してたんじゃないの？

あのね、そんなのはバレバレ.

だって！　ゆんみの行動《こうどう》はまる見《み》えだっーの！

レックスがいたときは、ゆんみと遊《あそ》ぶよりレックスと遊《あそ》んでいることのほうが多《おお》かった。おもしろかったし、よりよく犬《いぬ》らしくなれたよ。

でも、レックスがいなくなったから、遊《あそ》び相手《あいて》はゆんみだけなんだよ。

ヒヒヒヒヒ。

＊＊＊　2章《しょう》　＊＊＊

ゆんみの国《くに》、日本《にほん》へ行《い》く

＊エピソード７＊

生《う》まれてから、もうすぐ一年《ねん》がたとうとしていた、二〇〇一年《ねん》五月《がつ》。

ゆんみが日本《にほん》へ帰国《きこく》することになった。

なんかね、ゆんみは大学院《だいがくいん》の授業料《じゅぎょうりょう》を払《はら》うお金《かね》がないんだって。大学院《だいがくいん》を中退《ちゅうたい》するみたいだよ。せっかく毎日夜遅《まいにちよるおそ》くまでレポートを書《か》いていたのにね。ゆんみは貧乏学生《びんぼうがくせい》でこれ以上《いじょう》は、ゆんみ自身《じしん》もわたしも養《やしな》うことができないんだって。

「サミーもいっしょに行《い》くんだよ。飛行機《ひこうき》に乗《の》るんだよ。飛行機《ひこうき》、知《し》ってる？」

知《し》らないよ、そんなの。飛行機《ひこうき》も知《し》らないし、日本《にほん》も知《し》らないよ。

ゆんみは、荷造《にづく》りで忙《いそが》しい。

ダンボール箱《ばこ》に、いっぱいいろんなものを詰《つ》めこんでいる。

なに、なに、なにしてるの？　わたしも手伝《てつだ》おうか？

「サミー、気持《きも》ちはうれしいけど、邪魔《じゃま》なだけよ」

ゆんみにどかされてしまった。

わたしの体《からだ》は、けっこう大《おお》きくなった。ゆんみがようやく抱《だ》きかかえられるくらい、大《おお》きいし、重《おも》たい。体重《たいじゅう》二〇キロちょっと。もしかしたら、二五キロ。ま、そのへんはレディのたしなみとして内緒《ないしょ》だよ。

数日後《すうじつご》、見知《みし》らぬ男性《だんせい》たちがやってきて、ゆんみの荷造《にづく》りしたダンボール箱《ばこ》をアパートの外《そと》に持《も》ち出《だ》そうとした。

なによ、この人《ひと》たち。ゆんみの荷物《にもつ》に勝手《かって》なことしないで！

ゆんみが危険《きけん》だ！　守《まも》らなきゃあ。

うううううって、うなった。

「引《ひ》っ越《こ》し屋《や》さんだよ。サミーは邪魔《じゃま》だから自分《じぶん》のケージに入《はい》っとれ！」

なんで、こうなるのよ！　知《し》らない人《ひと》だよ。荷物《にもつ》も持《も》っていっちゃうんだよ！

ゆんみが心配《しんぱい》だったから、ケージの中《なか》で暴《あば》れまくった。

ゆんみは、引《ひ》っ越《こ》し屋《や》さんに指図《しじ》している。そして、引《ひ》っ越《こ》し屋《や》さんはたくさんの箱《はこ》を運《はこ》び出《だ》して、どっかへ行《い》ってしまった。

ようやく、ゆんみがケージから出《だ》してくれた。

ゆんみの大切《たいせつ》な荷物《にもつ》、どっかいっちゃったね。でも、ゆんみが無事《ぶじ》でよかった、うんうん。

日本《にほん》へ行《い》く日《ひ》がだんだんと近《ちか》づいてきた。

日本《にほん》へ行《い》くのは、大変《たいへん》だね。飛行機《ひこうき》とやらに乗《の》ってしまえば、日本《にほん》に着《つ》くんじゃないの？　どうやら、そうでもないみたい。

ゆんみはハンドラーのところへ泊《と》まりに行《い》った。そのハンドラーは（あの日本《にほん》人《じん》カウボーイさん）といっしょにわたしをあっちこっちへ連《つ》れていった。そしていろんな書類《しょるい》にサイン*註したりしていた。

そして、ゆんみはわたしの生《う》まれたところへ連《つ》れていってくれた。懐《なつ》かしい！

わたしと同《おな》じ仲間《なかま》がいる！　遊《あそ》ぼう！

その夜《よる》、ゆんみと離《はな》れてほかの犬《いぬ》といっしょにすごした。二日《ふつか》たってわたしは飛行機用《ひこうきよう》の狭《せま》いハードケージに入《い》れられた。

ゆんみは、「二週間後《しゅうかんご》に会《あ》おう」といって、どこかへ行《い》ってしまった。

？？？？

ちょっと待《ま》ってよ。わたしはどうなっちゃうのよっ！

そしてわたしは、そのまま飛行機《ひこうき》に乗《の》せられた。荷物《にもつ》として……。

十数時間後《じゅうすうじかんご》、日本《にほん》に着《つ》いた。成田空港《なりたくうこう》だ。

すぐにゆんみが迎《むか》えに来《き》てくれると思《おも》ったけど、迎《むか》えには来《き》てくれなかった。成田《なりた》空港《くうこう》の検疫所《けんえきしょ》というところに、二週間《しゅうかん》ほどいた。ゆんみの言《い》っていた、「二週間後《しゅうかんご》に会《あ》おう」とは、このことだったみたいだ。

検疫所《けんえきしょ》にいる人《ひと》たちはやさしい人《ひと》だったよ。きちんと食事《しょくじ》をくれたり、散歩《さんぽ》にも連《つ》れていってくれたよ。でも肝心《かんじん》なことにゆんみがいない。

寂《さみ》しいよ。

二週間《しゅうかん》たった日《ひ》に、おっさんがわたしを車《くるま》に乗《の》せてどこかへ連《つ》れていこうとす

ゆんみ註：獣医による健康診断などが必要でした。そのほか、航空会社や日本動物検疫所に提出するための必要な書類をいくつか作成しました。

る。
犬《いぬ》さらいだ。逃《に》げなきゃあ、でもハードケージの中《なか》じゃあどうにもならん。
居座《いすわ》ってやるか。
と……、ゆんみのにおい！
ゆんみがそこにいるんだ。早《はや》く会《あ》いたいよ。
ハードケージの中《なか》で一生懸命《いっしょうけんめい》にゆんみを呼《よ》んだ。あっ。ゆんみの顔《かお》が見《み》えた。
早《はや》くケージから出《だ》してくれ！　会《あ》いたかったよ。思《おも》いっきり甘《あま》えた。
ゆんみもわたしのこと、恋《こい》しかったんだよね？

＊エピソード２＊

二〇〇一年《ねん》六月六日《がつむいか》、わたしは聴導犬《ちょうどうけん》の寮《りょう》に入《はい》った。
場所《ばしょ》は埼玉《さいたま》にある「オールドッグセンター」。
ここはね、警察犬《けいさつけん》のシェパードがたくさんいるんだよ。家庭犬《かていけん》もいるけどね。

そこは犬《いぬ》の訓練士《くんれんし》を養成《ようせい》するための学校《がっこう》でもあるんだ。

ゆんみは聴導犬訓練士《ちょうどうけんくんれんし》の水越《みずこし》さんと、センターの理事長《りじちょう》さんの藤井《ふじい》さんと話《はな》し込《こ》んでいる。

「訓練《くんれん》は、六カ月《げつ》ほど必要《ひつよう》です。その間《かん》、サミーは訓練所《くんれんじょ》での生活《せいかつ》となります」

またゆんみと離《はな》れることになってしまった。せっかくアメリカから、たったひとりで貨物扱《かもつあつか》いでやってきたばかりなのに……。二週間《しゅうかん》ぶりに、ゆんみと会《あ》えたのに……。この先《さき》、六カ月間《げつかん》もゆんみと離《はな》れて暮《く》らすの？　いやだ、いやだ。

水越《みずこし》さんからゆんみに約束事《やくそくごと》があった。

「帰《かえ》るときはバイバイとか言《い》わず、サミーを無視《むし》して帰《かえ》ってください」

ゆんみは帰《かえ》り際《ぎわ》にわたしを無視《むし》して帰《かえ》った。いつもゆんみは、わたしの目《め》をみて説明《せつめい》してくれる。だから、いやなことがあっても、わたしは我慢《がまん》できた。でも、知《し》らんぷりして行《い》っちゃうなんて、ひどいよ。

寮《りょう》に入《はい》って三日間《みっかかん》、ハンガーストライキをした。だって、ゆんみがいないんだもん。それに、水越《みずこし》さんはわたしのママじゃないもん。知《し》らない人《ひと》だもん。

ぷいっ、て無視《むし》しちゃうもんね。

「サミー、ねえ、食《た》べてよ」

水越《みずこし》さん、困《こま》っている。ドッグフードなんか、食《た》べないよ。

ついに、水越《みずこし》さん、とっておきのおいしい食《た》べ物《もの》をくれた。

わーい。これなら食《た》べるもんね。

水越《みずこし》さんが嘆《なげ》いた。

「新《あたら》しい犬《いぬ》を扱《あつか》うとき、一週間《しゅうかん》もあればその犬《いぬ》がなにを考《かんが》えているかわかるのにサミーはなにを考《かんが》えているかまったく読《よ》めない！」

ゆんみはその話《はなし》をあとから聞《き》いて、

「サミーのこと普通《ふつう》の犬《いぬ》と同《おな》じように扱《あつか》っては駄目《だめ》だよ。サミーは普通《ふつう》の犬以上《いぬいじょう》に頭《あたま》がよくて、考《かんが》える犬《いぬ》なんだよ。そして、そしてプライドも高《たか》いんだよ」

水越《みずこし》さんも、それはよくわかったみたいだ。

ゆんみは、一週間《しゅうかん》に一度《ど》、訓練《くんれん》のためにセンターを訪《おとず》れた。

ゆんみとわたしとの合同訓練《ごうどうくんれん》が始《はじ》まった。

水越《みずこし》さんといっしょに訓練《くんれん》したことを、ゆんみとやるんだ。

＊服従訓練《ふくじゅうくんれん》＊

リードをぴんと張《は》らずにゆるめると、犬《いぬ》との引《ひ》っ張《ぱ》りっこにならない。

でも、水越《みずこし》さんとゆんみとじゃ、違《ちが》う。

だって、ゆんみはわたしのママだもん。甘《あま》えちゃうんだもんね。

水越《みずこし》さんは、

「サミーは、服従心《ふくじゅうしん》が足《た》りないから、もっと強《つよ》めて」

と言《い》う。ゆんみは、わたしのリードをぐいっと引《ひ》っぱった。

余計《よけい》なことをゆんみに言《い》うなよ、もー。わかりましたよ。ゆんみが行《い》きたい方《ほう》向《こう》に行《い》くようにすればいいのね。

そんなに引《ひ》っぱらなくても、それくらいのことはわかりますよ。水越《みずこし》さんとの訓練《くんれん》で、ちゃんとわかってますから……。

七月二日《がつふつか》。四回目《かいめ》のゆんみといっしょの訓練《くんれん》。

ゆんみのパパも来《き》ている。ビデオでわたしとゆんみの訓練模様《くんれんもよう》をドキュメンタリーにするそうだ。しっかり撮《と》ってね。

きょうの訓練《くんれん》は、障害物越《しょうがいぶつご》えだよ。これって、わたし大好《だいす》き。しかも得意《とくい》だよ。

障害物《しょうがいぶつ》を、軽《かる》くステップを踏《ふ》んで、越《こ》える。何回《なんかい》でもへっちゃらだよ。

つぎは、トンネルくぐり。これも得意《とくい》なんだ。

全力疾走《ぜんりょくしっそう》でトンネルに突入《とつにゅう》。ダダダダッと走《はし》り抜《ぬ》ける。

その日《ひ》の訓練《くんれん》は無事終了《ぶじしゅうりょう》。やれやれと思《おも》っていたら、

「ゆんみさん。これ宿題《しゅくだい》です。このテキスト読《よ》んでください。それから練習問題《れんしゅうもんだい》もありますから、それもやっておいてね」

水越《みずこし》さんから、ゆんみに宿題《しゅくだい》だ。

ふふっ。がんばってね、ゆんみ。

ゆんみ　ねぇ、見《み》て　沿《そ》い歩《ある》きできるよ！
写真《しゃしん》、ちょっとピンぼけ。ごめんなさい。

＊音《おと》の訓練《くんれん》＊

しばらくして、いよいよ音《おと》の訓練《くんれん》が始《はじ》まった。
聴導犬訓練用《ちょうどうけんくんれんよう》の室内《しつない》はわたしにとっては狭《せま》いので、普通《ふつう》の家《いえ》での訓練《くんれん》になった。
最初《さいしょ》は、かくれんぼだった。トレーナーさんが、家《いえ》のどっかに隠《かく》れているんだ。それを捜《さが》す。でも、簡単《かんたん》だな。だって、それはいつもゆんみがやっていたことだもん。

わはは。

つぎは、音《おと》を出《だ》すものを捜《さが》したり、音《おと》のするほうへ行《い》ったりする訓練《くんれん》。
でも、音《おと》が聞《き》こえても音《おと》の方向《ほうこう》に行《い》かないわたし。

音《おと》は聞《き》こえるんだけど、どこへ行《い》けばいいの？

そのうちに、音《おと》が出《で》ていることをトレーナーさんに知《し》らせると、ご褒美《ほうび》に食《た》べ物《もの》をもらえることがわかった。
でもね、食《た》べ物《もの》よりも、「ありがとう、えらいよ、サミー」ってほめられたほうが、よっぽどうれしいよ。
ゆんみがやってきたときも、同《おな》じ訓練《くんれん》をしたよ。
ドアベルがなったら、ゆんみをドアに案内《あんない》するんだよ。それを何回《なんかい》か繰《く》り返《かえ》すのだ。

＊ブラシのかけ方《かた》を教《おそ》わるゆんみ＊

ゆんみは、ブラッシングのかけ方《かた》を教《おそ》わった。

あらかじめゴザを敷《し》く。わたしはゴロンと横《よこ》になる。ゆんみはわたしを足《あし》のあいだにはさんでブラッシングをする。気持《きも》ちいいなぁ。この姿勢《しせい》でゆんみは、爪《つめ》切《き》り、歯磨《はみが》きもしてくれた。そして、わたしの体《からだ》のあっちこっちを触《さわ》る。マッサージだ。これも気持《きも》ちがいいや。こうするとわたしの健康状態《けんこうじょうたい》もわかるんだって。

＊卒業試験《そつぎょうしけん》＊

訓練《くんれん》が始《はじ》まって、半年《はんとし》がすぎた。
きょうは、一二月《がつ》二十四日《か》、クリスマスイヴなのだ。ゆんみがいつものように訓練所《くんれんじょ》にきた。訓練《くんれん》が終《お》わって、いつもなら帰《かえ》ってしまうのに、帰《かえ》らない。

うれしいな。クリスマスプレゼントなの？

久《ひさ》しぶりに長《なが》い時間《じかん》ゆんみとすごした。ゆんみは訓練士《くんれんし》さんたちといっしょに夕《ゆう》ご飯《はん》。クリスマスケーキも食《た》べていたよ。

わたしはずっとゆんみの側《そば》にいたよ。夕食《ゆうしょく》が終《お》わった。

「サミー、きょうはいっしょに寝《ね》られるんだよ」

ゆんみがニコニコしている。

ほんと？　やったあー、うれしいよお。

寝《ね》る前《まえ》のトイレを済《す》ませて、ゆんみはわたしにお休《やす》みと言《い》って寝《ね》た。わたしはほんとうにゆんみがそこにいるのがうれしくて、信《しん》じられなくて、一時間《じかん》おきに目《め》をさましては、確認《かくにん》したんだ。ゆんみがそこにいる、わたしの側《そば》で寝《ね》ている。

ゆんみを何回《なんかい》も起《お》こしちゃった。

ゆんみは、

「今夜《こんや》はいっしょに寝《ね》ているんだから、安心《あんしん》しろ。眠《ねむ》いんだからはやく寝《ね》ろ。あしたは卒業試験《そつぎょうしけん》だよ。寝《ね》ろ！」

怒《おこ》られちゃったよ。でも、やっぱりうれしいのと目《め》が覚《さ》めたらゆんみがいなくなるのではないかという不安《ふあん》が入《い》り混《ま》じって……何度《なんど》も何度《なんど》も目《め》を覚《さ》ましては、ゆんみをつついてしまった。

翌朝《よくあさ》、ゆんみは眠《ねむ》い目《め》をこすって起《お》きた。

いよいよ、卒業試験《そつぎょうしけん》。

知《し》らなかったけど、きょうは「卒業試験《そつぎょうしけん》」なんだ。

卒業試験《そつぎょうしけん》って、なに？

ゆんみが緊張《きんちょう》している。その緊張《きんちょう》がわたしにも伝《つた》わってきた。心臓《しんぞう》がドキドキしてきた。やばい。

いよいよ、試験《しけん》が始《はじ》まった。

一つひとつ課題《かだい》をクリアしていった。

でも一番《いちばん》の難関《なんかん》は、伏《ふ》せの状態《じょうたい》で一分間《ぷんかんま》待つことだった。ゆんみが側《そば》にいれば簡単《かんたん》だけど、ゆんみはどこかに隠《かく》れちゃったんだ。

しかも、小鳥《ことり》たちが目《め》の前《まえ》で遊《あそ》び始《はじ》めた。わぁー、いっしょに遊《あそ》びたいなぁ。

でも、「待《ま》て」と言《い》われているから、動《うご》いちゃいけないんだよね。

ああああああああ、体《からだ》がムズムズしてきたよ。ゆんみ、早《はや》く出《で》てきてよ。

ゆんみはこっそりとわたしを見《み》てた。（やばいっ！）と、心臓《しんぞう》が飛《と》び出《だ》すほどドキドキしたらしい。ゆんみにとっても、わたしにとっても一分間《ぷんかん》はすごく長《なが》かった。

でも、なんとか無事《ぶじ》クリアできた。危《あぶ》なかったぁ。

ふー。

すべての試験《しけん》が終《お》わった。

緊張《きんちょう》したけど、たのしかった。ゆんみも、ホッとした顔《かお》をしている。

（大丈夫《だいじょうぶ》かなぁ）

緊張《きんちょう》したなぁ。きちんとノーリードでゆんみと沿《そ》い歩《ある》きができたよ。

「合格《ごうかく》です」

やったぁ、ゆんみ、よかったねぇ。一六号目《ごうめ》の、聴導犬《ちょうどうけん》だって。

そして、やっとゆんみといっしょに家《いえ》に帰《かえ》ることができた。六カ月間《げっかん》、ずっと離《はな》れていたんだよ。もう二度《ど》と離《はな》れたくないよ。これは最高《さいこう》のクリスマスプレゼント。神《かみ》さまありがとう。

＊エピソード３＊

その年末《ねんまつ》に二日間《ふつかかん》ゆんみは、きいろぐみでライブをやることになった[＊註]。お店《みせ》は「クロコダイル」っていう名前《なまえ》で、ときどきみんなの前《まえ》で、公演《こうえん》するんだ。

「こんど、サミーをお店《みせ》に連《つ》れていきたいんですけど」

「ああ、いいですよ。どうぞ、どうぞ」

なんだか、当然《とうぜん》のような言《い》い方《かた》で、ＯＫ《オウケイ》になったよ。

犬《いぬ》だろうと、人《ひと》だろうと、大丈夫《だいじょうぶ》みたいだね。

なにしろ、お店《みせ》の名前《なまえ》がクロコダイルだもんね。ワニだってOK《オウケイ》なんだろうな、このお店《みせ》は。

ゆんみが、わたしの聴導犬《ちょうどうけん》としての仕事《しごと》を、ステージで紹介《しょうかい》したんだ。手話《しゅわ》で、「お座《すわ》り」「待《ま》て」がわかること、そのほか、いろんなことが手話《しゅわ》で理《り》解《かい》できることを、お店《みせ》のお客《きゃく》さんにアピールしたんだ。

「犬《いぬ》が手話《しゅわ》を理解《りかい》できるのですか？」

「はい、理解《りかい》できます」

お客《きゃく》さんは、目《め》を白黒《しろくろ》させて、驚《おどろ》いたり、感動《かんどう》したりしていた。

一日目《にちめ》はキョロキョロまわりを見《み》ていたけど、二日目《ふつかめ》は慣《な》れたからじっと待《ま》つことができたんだ。

音楽《おんがく》が流《なが》れているあいだはじっとテーブルの下《した》で待《ま》っていたんだ。でもね、音《おん》楽《がく》が変《か》わると、ん？　って顔《かお》を上《あ》げたけどすぐ伏《ふ》せしたよ。

ゆんみ註：きいろぐみというのは、私が１９９４年からアメリカへ行くまでの間に活動していた手話ライブのことです。その日は特別に参加させていただきました。

＊エピソード４＊

日本《にほん》で初《はじ》めての正月《しょうがつ》を迎《むか》えたよ。去年《きょねん》はサンフランシスコだったからね。ゆんみとゆんみの家族《かぞく》といっしょに、箱根《はこね》の大《おお》きなホテルへ行《い》ったんだよ。エントランスのベルガールが、わたしを見《み》て「申《もう》しわけないのですがペットはダメです」って言《い》ったんだ。でもね、「あっ、聴導犬《ちょうどうけん》なんですね。どうぞ」と、笑顔《えがお》で言《い》ってくれた。

でもね、「聴導犬《ちょうどうけん》」と書《か》かれたケープをつけていても、断《ことわ》られることも多《おお》いんだ。京風《きょうふう》の湯豆腐《ゆどうふ》のお店《みせ》では、けんもほろろに、「犬《いぬ》はダメです」って断《ことわ》られてしまった。ゆんみはがんばって食《く》い下《さ》がったけど、上《うえ》の人《ひと》に聞《き》かないとわかりませんとしか言《い》わない。ゆんみは、カミナリみたいに怒《おこ》ったよ。頭《あたま》から湯気《ゆげ》を出《だ》して、ゆんみが湯豆腐《ゆどうふ》になっちゃったんだよ。

あー、だみゃだな、こりゃ。

＊エピソード5＊

きょうはゆんみのおばあちゃんの家《いえ》に行《い》って、ゆんみの親戚《しんせき》に会《あ》ってきました。

おばあちゃんの家《いえ》は東京《とうきょう》の小岩《こいわ》というところにあります。

ゆんみの親戚《しんせき》はみな犬《いぬ》を飼《か》ったことがあり、わたしに抱《だ》きついてくる。でもね、一番気《いちばんき》に入《い》ったのはおばあちゃん。

やさしいにおいがするから……。

親戚《しんせき》の人《ひと》たちは、ハムがあるからサミーにあげてもいい？　とか言《い》って、ゆんみを困《こま》らせた。

ゆんみは「ドッグフード以外《いがい》はあげないことになっているの！」

「かわいそう。あんなにおとなしくしているんだから……ダメなの？」

「そんなのあげたら糖尿病《とうにょうびょう》になって、困《こま》るのはこっちなんだよ！」

帰《かえ》る間際《まぎわ》にゆんみのおばあちゃんからお年玉《としだま》をもらったよ。

「サミーはここでなにも食《た》べられなかったから、このお年玉《としだま》でドッグフードでも買《か》いなさい」とゆんみに渡《わた》した。

やさしいおばあちゃんだなあ。犬《いぬ》にもお年玉《としだま》をあげるんだよ。

＊エピソード６＊

きょうは、トレーナーの水越《みずこし》さんに会《あ》う日《ひ》です。

京王線《けいおうせん》の電車《でんしゃ》に乗《の》って、乗《の》り降《お》りの訓練《くんれん》をするらしい。日本《にほん》で電車《でんしゃ》に乗《の》るのは初《はじ》めてだ。

ガタン、ゴトン。ゴゴゴゴー。振動《しんどう》が床《ゆか》から響《ひび》いてくる。

乗客《じょうきゃく》がふしぎな顔《かお》をして、わたしを見《み》ている。

なによ、そんなにジロジロ見《み》ないで！

でも、無理《むり》ないよね。電車《でんしゃ》に犬《いぬ》が乗《の》っているなんて、珍《めずら》しいことなんだもんね。

そうそう、きのうゆんみが京王線《けいおうせん》の駅員《えきいん》さんに聞《き》いたのね。

「この子《こ》は聴導犬《ちょうどうけん》なんですが、乗《の》れますか？」

日本《にほん》の電車《でんしゃ》はちょっと狭《せま》いね。ゆんみの足《あし》のあいだが一番安心《いちばんあんしん》できるスペース。ゆんみの足《あし》がもうちょっと長《なが》いと最高《さいこう》なんだけどね。

その駅員《えきいん》さんは「全《ぜん》アシスタント犬《けん》は試験《しけん》なしに、乗車《じょうしゃ》が認《みと》められています」

たしかに、京王線《けいおうせん》はバリアフリーを力《ちから》に入《い》れているけど、犬《いぬ》まで認《みと》めているとは思《おも》わなかったなあ。完璧《かんぺき》なバリアフリーです。

そして、ほかの日《ひ》にゆんみは新宿《しんじゅく》まで用事《ようじ》があってわたしといっしょに電車《でんしゃ》に乗《の》ったの。駅員《えきいん》さんはわたしを見《み》たとき一瞬《いっしゅん》びっくりしていたけど、

「かわいい、犬《いぬ》だねぇ」

どうぞ、と言《い》ってくれた。

電車《でんしゃ》に乗《の》って新宿《しんじゅく》まで行《い》った。

ある日《ひ》のこと、住宅街《じゅうたくがい》を歩《ある》いていると、突然《とつぜん》、犬《いぬ》が吠《ほ》えてきた。いきなりだもん、驚《おどろ》いた。

しかも、それが一度《ど》や二度《ど》じゃないんだ。散歩《さんぽ》に行《い》ってびっくりしちゃったよ。なんで吠《ほ》えるのかなぁ。吠《ほ》えたら、友《とも》だちできないよ。向《む》こうに行《い》けっ、近寄《ちかよ》ったら噛《か》みつくぞ、って言《い》っているのと同《おな》じだもん。友《とも》だちいないと、寂《さみ》しいよ。

イライラしちゃうよ。

日本《にほん》の犬《いぬ》ってしつけされていないのね。凶暴《きょうぼう》だわ。わたしがゆんみといっしょに行儀《ぎょうぎ》よく歩《ある》いていても、突然《とつぜん》、襲《おそ》いかかってくるんだもの。しかも、かわいいわたしに向《む》かって吠《ほ》えるなんて……。

ゆんみが一番心配《いちばんしんぱい》していたことだったんだよね。

アメリカではみな吠《ほ》えないし、犬同士《いぬどうし》のあいさつから友《とも》だちの輪《わ》が広《ひろ》がるのに……。

アメリカとのギャップに戸惑《とまど》うぞ。

日本《にほん》ではなかなか友《とも》だちが作《つく》れないんだよね。

＊エピソード７＊

ゆんみが『ペットと過《す》ごせるペンションカイド』の本《ほん》を熱心《ねっしん》に読《よ》んでいる。家《か》族《ぞく》水入《みずい》らずで北軽井沢《きたかるいざわ》へ行《い》くことになった。

〈浅間《あさま》マンサード〉

なに、それ？　食堂《しょくどう》でもロビーでも、どこでも愛犬《あいけん》といっしょにすごすことができるペンションだそうだ。それに、オーナーの手作《てづく》りドッグランが２００坪《つぼ》ある。なかなか、いいところだ。

さっそく、北軽井沢《きたかるいざわ》へ。途中《とちゅう》でペンションオーナーお勧《すす》めのレストランで昼食《ちゅうしょく》。このレストラン（あむーる、と言《い》います）で食事《しょくじ》をしていると、ワンちゃん連《づ》れのお客《きゃく》さんがどんどん入《はい》ってきた。

昼食《ちゅうしょく》も終《お》わり、ペンションへ直行《ちょっこう》した。

ペンションに着《つ》いた。

あー！　久《ひさ》しぶりに見《み》るドッグラン。うれしいな。

思《おも》いっきり駆《か》けまわった。ゆんみ兄《あに》がわたしのいい遊《あそ》び相手《あいて》。

しばらくして、そのオーナーの犬《いぬ》のゴールデンリトルバー（９歳《さい》）といっしょに遊《あそ》んだ。日本《にほん》にはドッグランがあまりにもすくない！　あっても有料《ゆうりょう》だ。

＊＊＊ 3章《しょう》 ＊＊＊

ゆんみ、大学院《だいがくいん》へ

＊エピソード７＊

一月《がつ》三十日《にち》。

ゆんみがアメリカに戻《もど》って修士号《しゅうしごう》を取《と》ることになった。アメリカ滞在《たいざい》に必要《ひつよう》な「学生《がくせい》ビザ」も取《と》れた。

ゆんみは、アメリカに戻《もど》って、修士号《しゅうしごう》を取《と》るみたいだ。修士号《しゅうしごう》ってなに？

もちろん、わたしもいっしょよね。でも、また二週間《しゅうかん》も検疫所《けんえきしょ》ですごすのかなあ。

心配《しんぱい》ご無用《むよう》。わたしは聴導犬《ちょうどうけん》になったから、ゆんみといっしょに、乗客室《じょうきゃくしつ》だもんね。荷物《にもつ》じゃないもん。

すぐに航空《こうくう》のチケットを予約《よやく》した。アメリカへの出発《しゅっぱつ》は、二月《がつ》の一日《ついたち》。飛行機《ひこうき》はUA《ユーエー》航空《こうくう》。ばたばたしての出発《しゅっぱつ》だったんだよ。

成田空港《なりたくうこう》の検疫所《けんえきしょ》で、健康診断書《けんこうしんだんしょ》を書《か》いてもらった。獣医《じゅうい》さんから「合格《ごうかく》です！」って、大《おお》きな花丸《はなまる》をもらっちゃった。アメリカ本土《ほんど》に入国《にゅうこく》する際《さい》の検疫《けんえき》はパスらしい。だからゆんみは手続《てつづ》きが楽《らく》だと言《い》っていた。

わたしは長《なが》い時間《じかん》の空《そら》の旅《たび》の中《なか》でじっとおとなしく座《すわ》っていました。スチュワーデスさんの人気者《にんきもの》になったわたし。それから、これはちょっと恥《は》ずかしいんだけどね、わたし、機内《きない》でウンコしちゃったの。

フライト時間《じかん》が長《なが》いから、ウンチをがまんできなくて、人間用《にんげんよう》のトイレに入《はい》ったんだけど、狭《せま》いし変《へん》なにおいもするし、ウンチできなくて、それでつい……。

でも、ゆんみはわたしのウンチをすぐにティッシュで拾《ひろ》いあげ、そのあとをスチュワーデスさんがソーダで消毒《しょうどく》と掃除《そうじ》をしてくれて。そうすると、においも残《のこ》らないし、衛生的《えいせいてき》にも問題《もんだい》ないということでした。スチュワーデスさんはちっとも迷惑《めいわく》な顔《かお》をしないで当《あ》たり前《まえ》のように振舞《ふるま》ってくれた。

ゆんみは、アメリカについたその翌日《よくじつ》から、さっそく大学《だいがく》へ行《い》ったよ。時差《じさ》ぼけなんか気《き》にならない。

今度《こんど》はね、わたしもいっしょに校内《こうない》へ。聴導犬《ちょうどうけん》になったから！　ゆんみといっしょに講義《こうぎ》を受《う》けました。

＊エピソード２＊

あのね。獣医《じゅうい》さんに診《み》てもらったのね。日本《にほん》からアメリカへ立《た》つときに打《う》ってもらった狂犬病《きょうけんびょう》の注射《ちゅうしゃ》はアメリカでは受入《うけい》れませんだってさ。だからわたしは再度《さいど》の注射《ちゅうしゃ》を打《う》ってもらった。その日《ひ》はいろいろな検査《けんさ》を受《う》けた。蚤《のみ》を殺虫《さっちゅう》するための薬《くすり》、心臓《しんぞう》に虫《むし》が入《はい》らないようにする薬《くすり》……まあ、一気《いっき》に薬詰《くすりづ》めされた。

わたしは気分《きぶん》が悪《わる》くなって、お腹《なか》にあるもの全部《ぜんぶ》便《べん》で出《だ》し切《き》った。でも、まだ出《で》てくる。わたしの心境《しんきょう》はうえーんでした。

それは午前中《ごぜんちゅう》のことで、午後《ごご》には大好《だいす》きなドックランへ行《い》った。ドッグランに近《ちか》づくとソワソワしてきた。ドッグランに入《はい》る。一気《いっき》に駆《か》ける。ほかの犬《いぬ》もわたしを追《お》いかけるが、追《お》いつかないのだ。

わたしが速《はや》すぎて……。わはっは。わたしを捕《つか》まえてみろ。走《はし》りまわる。

が、そのとき、うしろ左足《ひだりあし》になにかが刺《さ》さった。

痛《いた》いよ、痛《いた》いよ。

その日《ひ》は災難《さいなん》な日《ひ》。

はー。それが犬生《けんせい》さ！　めげるもんか！

＊エピソード３＊

サンフランシスコには、バートという名《な》の私鉄電車《してつでんしゃ》があります。大勢《おおぜい》の人《ひと》が乗《の》り降《お》りするこの電車《でんしゃ》に、ゆんみといっしょに乗《の》った。

「まぁ、かわいいワンちゃん」

「なんという種類《しゅるい》なの？」

いろんな人《ひと》が声《こえ》を掛《か》ける。知《し》らん顔《かお》の人《ひと》もいる。まぁ、いろいろだよね。あっちにいけ、という人《ひと》はいない。なんで犬《いぬ》が乗《の》っているんだ、と車掌《しゃしょう》に文句《もんく》をいう人《ひと》もいない。「そこに犬《いぬ》がいる」って感《かん》じ。「だから、どうしたの？」って感《かん》じ。

普通《ふつう》なんだよね。

電車《でんしゃ》のドアが開《ひら》くたびに、ここで、降《お》りるの？　と、わたしがいちいち立《た》ち上《あ》がるので、ゆんみは、「まだだ。わたしが立《た》ち上《あ》がるまで、じっとしておれ！」って怒《おこ》った。よく怒《おこ》るね。

バスもあるけど、ゆんみは乗《の》らないようにしている。*註

＊エピソード４＊

きょうはわたしの大好《だいす》きなお出《で》かけ。サンタクルーズにあるミステリースポットへ行《い》ってきた。家《いえ》が傾《かたむ》いていたり、ボールが下《した》から上《うえ》に転《ころ》がったりする。そういう「ふしぎ」な場所《ばしょ》。

目《め》の錯覚《さっかく》のために、平衡感覚《へいこうかんかく》がズレて、気持《きも》ちが悪《わる》くなる人《ひと》がいるらしいけど、わたしは全然平気《ぜんぜんへいき》。犬《いぬ》はそう簡単《かんたん》にはだまされないのだ。

それとね、犬《いぬ》には時差《じさ》ぼけはないのだ。犬《いぬ》は太陽《たいよう》にあわせているんだよ。

太陽《たいよう》が上《あ》がれば朝《あさ》。下《さ》がったら夜《よる》。人間《にんげん》は時計《とけい》にこだわる。寝《ね》る時間《じかん》、起《お》きる時間《じかん》、働《はたら》く時間《じかん》とかにこだわっているから、「ほんとうなら、いまは寝《ね》ている時間《じかん》」とか考《かんが》えてしまい、時差《じさ》ぼけを起《お》こすらしい。

ゆんみも時差《じさ》ぼけする。このミステリースポットでも、平衡感覚《へいこうかんかく》が狂《くる》ったみたいだ。

＊エピソード5＊

わたしはね、小枝《こえだ》を口《くち》でくわえる「趣味《しゅみ》」があるの。

たいていは五〇センチくらいの小枝《こえだ》ね。くわえて、運《はこ》んで、走《はし》って……ただそれだけなんだけど、おもしろいのよね。

でもあるとき、大《おお》きな枝《えだ》をくわえちゃったのよ。二メートル以上《いじょう》もあり、重《おも》たい。ゆんみに「わたし、こんな大《おお》きな木《き》の枝《えだ》も持《も》ち上《あ》げられるよ」と自慢《じまん》したんだけど、重《おも》たすぎて、数歩《すうほ》歩《ある》いただけで、下《お》ろしちゃった。それを見《み》て、ゆんみが、

ゆんみ註：まだその当時、私はバス乗車の際にどう対処（ハンドリング）したらいいのか、知りませんでした。

〈おまえはアホか〉

って顔《かお》している。アホじゃありません。これはわたしの「趣味《しゅみ》」なんです。

＊エピソード６＊

ゆんみは、その当時《とうじ》、彼氏《かれし》といっしょに暮《く》らしていたんだ。

わたしは、ゆんみの行動《こうどう》をいつも見《む》ているから、ゆんみがなにを言《い》いたいのか、つぎになにをしたいのか、だいたいわかる。命令《めいれい》されなくても、〈うん、わかったよ〉って、走《はし》り出《だ》しちゃうんだ。

ゆんみがご飯《はん》をつくっている。

盛《も》りつけも終《お》わった。ゆんみがわたしを見《み》る。

はいよ。

わたしは、彼氏《かれし》のいる部屋《へや》へ行《い》き、

〈あのね、ご飯《はん》ができたよ〉

って、伝《つた》えるんだ。ゆんみの彼氏《かれし》も聾《ろう》なんだ。

彼氏《かれし》が食堂《しょくどう》へやってくるのが、いつもあまりにもタイミングがいいので、ある日《ひ》、ゆんみは彼氏《かれし》に聞《き》いた。

〈なんで、わかったの？〉

〈だって、サミーが呼《よ》びにきた〉

〈命令《めいれい》は出《だ》していないよ〉

わたしはずっとゆんみの行動《こうどう》を見《み》ているから、命令《めいれい》なんかなくっても、わかるってば。

＊エピソード７＊

人間《にんげん》は靴《くつ》という便利《べんり》なものがある。

でも、犬《いぬ》にはない。

夏《なつ》のアスファルトは、暑《あつ》いのではなくて、熱《あつ》いぞ。ものすごく熱《あつ》いぞ。一度《いちど》、人間《にんげん》も、素足《すあし》で歩《ある》いてみるといい。どれくらい熱《あつ》いかわかるよ。ゆんみと、いっしょに、買《か》ったばかりのオンボロ車《ぐるま》で街《まち》に買《か》い物《もの》に出《で》かけたんだ。暑《あつ》い日《ひ》だった。車《くるま》から降《お》りて、しばらく歩《ある》いた。

アチチチ。

足《あし》が、足《あし》が……。おもわずわたしはしゃがみこんだ。これ以上歩《いじょうある》かないぞ！

「サミー、どうしたの？」

ゆんみはわたしの異常《いじょう》に気《き》がついたみたい。そして、しゃがみ込《こ》んでアスファルトを触《さわ》ったんだ。

アチチチ。

「こりゃ、大変《たいへん》だ」

それから、ゆんみは、「犬用《いぬよう》の靴《くつ》」というのをネットで捜《さが》し始《はじ》めた。あるのかね、そんなもの。特別注文《とくべつちゅうもん》か？

それよりも、水浴《みずあ》び大好《だいす》きのわたしのために、小《ちい》さなプールを買《か》ってくれるかもしれない。

＊エピソード8＊

この暑《あつ》い夏休《なつやす》みに、ゆんみはまた何《なに》かをはじめた。

ボランティア？

「そう、聾学校《ろうがっこう》でボランティアをするよ。いっぱい生徒《せいと》たちがいるよ」

いっしょに行《い》くの？　わーい。

わたしは子《こ》どもたちといっしょにいると興奮《こうふん》してしまうのだ。子《こ》どもが大好《だいす》きだモン。遊《あそ》んでくれるんだモン。子《こ》どもはいつもたのしそうだモン。

アメリカでは学習《がくしゅう》の遅《おく》れた生徒《せいと》のために、夏休《なつやす》みに一カ月《げつ》の補習《ほしゅう》が行《おこ》なわれているの。

ゆんみは高校《こうこう》の数学《すうがく》を担当《たんとう》。数式《すうしき》とにらめっこしては眉間《みけん》にしわを寄《よ》せている生徒《せいと》たちに教《おし》えていた。でも、彼《かれ》らはちっとも苦《く》には見《み》えなかった。のびのびしていた。

(ここはたのしいな。学校《がっこう》大好《だいす》き)

授業《じゅぎょう》が終《お》わると、みんなわたしを撫《な》でにきた。ゆんみが、手話《しゅわ》でわたしに話《はな》しかけた。それを見《み》て、子《こ》どもたちは驚《おどろ》いた。

「手話《しゅわ》を読《よ》み取《と》れるの⁉　すごい！　会話《かいわ》ができてたのしいね」

あんたたちはゆんみと同類《どうるい》だね。仲良《なかよ》くしょうぜ。

「勉強《べんきょう》、がんばらなくちゃね。がんばったらご褒美《ほうび》にサミーと話《はな》せるから」

＊エピソード９＊

ゆんみはまた何《なに》かを企《たくら》んでいる。

ゆんみはわたしをドッグフェアへ連《つ》れていった。

そこにはいろいろな家族《かぞく》が犬《いぬ》を連《つ》れてきていた。

アジリティ*註？

「そう、新《あたら》しい遊《あそ》び覚《おぼ》えようね」

ゆんみとわたしもその列《れつ》に並《なら》んだ。いよいよわたしたちの番《ばん》がきた。

競技《きょうぎ》用と同《おな》じものがセットされていて、チャレンジ希望《きぼう》の人《ひと》と犬《いぬ》が並《なら》んでいた。

イエーイ！

ゆんみは、ものすごくハイテンションになっている。

「サミー、ジャンプ！」

はい、はい。こんなものちょろいや。

あっさりと飛《と》び越《こ》える。バーはわたしにとっては低《ひく》すぎて、またぐ程度《ていど》。

つぎはトンネル。入《い》り口《ぐち》は丸《まる》いけど、出口《でぐち》はペシャンコだぞ。布《ぬの》かビニールでできたトンネルだ。こんなの初《はじ》めて見た。出口《でぐち》がペシャンコだったら、出《で》られなくなるよ。それに鼻《はな》も目《め》もつぶれちゃうよ。怖《こわ》いよっ！

だから、なかなかくぐらなかった。

ゆんみがトンネルの出口《でぐち》からしゃがんで入《はい》り込《こ》み、わたしに、こっちへ来《こ》い、

ゆんみ註：アジリティとは犬の競技のこと。ジャンプやトンネルくぐりなどの種目をこなします。

と言《い》っている。

はいはい、わかりましたよ。

わたしが近《ちか》づくと、ゆんみはお尻《しり》からトンネルにもぐっていった。そして、こっち、こっちとトンネルの中《なか》から誘《さそ》ってくれる。なんだ、そうしてくれるなら簡《かん》単《たん》、簡単《かんたん》。ほらほら、ゆんみ、もっと急《いそ》いで、急《いそ》いで。

わしはゆんみを、鼻《はな》でぐいぐい押《お》した。ゆんみはお尻《しり》からトンネルを出《で》た。ふつうは、頭《あたま》から出《で》るんだけどね。

ギャハハ。ゆんみの姿《すがた》おもしろいぜ。ギャハハ。

会場《かいじょう》が笑《わら》いでいっぱいになった。

つぎは、はしごと平均台《へいきんだい》を混《ま》ぜたような台《だい》。その上《うえ》を渡《わた》るんだ。でも、そこは歩《ある》く幅《はば》が狭《せま》くなっていたの。

そんなところを渡《わた》るの？　いやだよ
ゆんみはわたしのカラーを押《お》さえ、トレーナーはわたしのうしろ足《あし》を支《ささ》えた。

落《お》ちないようにしているんだけど、怖《こわ》いったらありゃしない。

つぎはね、わたしの得意《とくい》な二段《だん》ハードル。

へらへっちゃ。

ひょいと飛《と》び越《こ》え、つぎの大好《だいす》きなトンネルをダダッとくぐった。

懐《なつ》かしいな。このトンネルは訓練《くんれん》でよくやっていたのと同《おな》じだもん。

あっ、またまた二段式《だんしき》ハードルがあるんだ。飛《と》んじゃえ！

台《だい》に座《すわ》ってフィニッシュ！

と思《おも》ったらまだつづきがあったの。三角台《さんかくだい》（A《エー》フォーム）はなんとかよじ登《のぼ》って、最後《さいご》にタイヤ潜《くぐ》り！

FINISH《フィニッシュ》（お終《しま》い）！　GOAL《ゴール》!

あー、いっぱい運動《うんどう》した。暑《あつ》い！

水《みず》がはってある。水遊《みずあそ》びしたい！

わたしは犬用《いぬよう》のプールに、まず前足《まえあし》を水《みず》に浸《ひた》した。

あー気持《きも》ちがいい。気持《きも》ちいいついでに、頭《あたま》から水《みず》の中《なか》へ。

ヒャー、もっと気持《きも》ちがええ。涼《すず》しいよ。全身《ぜんしん》、水浸《みずびた》し。ブルブル。

ヘッエン。毛《け》が広《ひろ》がって、狼《おおかみ》みたいな姿《すがた》になった。先祖返《せんぞがえ》りしたみたいだ。

濡《ぬ》れた毛《け》を拭《ふ》くのに、ちょうどいいのが、ゆんみのズボン。

ゆんみぃぃ～、ゆんみぃぃ～、と目《め》をへの字《じ》にしながらゆんみに近《ちか》づいて、体《からだ》をごしごし。

おかげさまでゆんみのズボンはビジョビジョ濡《ぬ》れになってしまった。

ヒヒヒヒヒ。

きょうはいい日《ひ》だ!

わたしは飛《と》び切《き》り最高《さいこう》のスマイル。そしてゆんみもスマイル全開《ぜんかい》!

エピソード10

アメリカは、犬《いぬ》と人《ひと》とがいっしょに遊《あそ》べるところが多《おお》いから、ゆんみは、いろ

ヒュー、ヒュー　水浴《みずあ》びたのしいな。

んなところに連《つ》れていってくれる。

Mission《ミッション》 Trail《トレイル》もそのひとつ。ミッション・トレイル。まぁ、日本《にほん》でいうところのハイキングかな。野原《のはら》や山道《やまみち》を歩《ある》いたり、走《はし》ったりしてたのしむんだ。どちらかというと、人間《にんげん》より犬《いぬ》のためのハイキングかもしれない。犬《いぬ》の本能《ほんのう》を十分《じゅうぶん》に発揮《はっき》できるから、もう「犬《いぬ》に生《う》まれてよかったぁ」と実感《じっかん》できるんだ。たいていわたしたちは三時間《じかん》そこにいてたのしむの。

やっぱりわたしは牧羊犬《ぼくようけん》だな、そして山《やま》が好《す》き。だから、山《やま》を見《み》るとワクワクして、上《のぼ》ったり下《お》りたり駆《か》けまわるの。

ゆんみは（カモシカみたい。急《きゅう》な坂《さか》をものすごいスピードで下《お》りられるなあ）と、感心《かんしん》してわたしを眺《なが》めるだけ。

わおー！　気持《きも》ちがいいぜ。

坂《さか》あり谷《たに》ありの変化《へんか》がある山《やま》は最高《さいこう》。そしてもうひとつ、山《やま》がいいのはね、野《や》生《せい》の動物《どうぶつ》に会《あ》えることなのだ。牛《うし》も馬《うま》もいる。野生《やせい》の牛《うし》や馬《うま》は、人間《にんげん》にとっては怖《こわ》い存在《そんざい》らしい。ゆんみは、ビビって、「サミー、近《ちか》づいてちょっかいを出《だ》してはダメ」と叫《さけ》んでいる。

なに言《い》ってるの。ケンカしようというわけじゃないし、追《お》いかけっこをしてたのしむだけだよ。

あ、子牛《こうし》だ。ねぇねぇ、遊《あそ》ぼ。

親牛《おやうし》たちが、ギロリとにらんだ。

そして、ノッシノッシとこっちに向《む》かってきたよ。怒《おこ》ってるよ。さっきまで座《すわ》ったり、寝《ね》ていたのに、突然《とつぜん》、起《お》きあがるんだもん。

「サミー、サミー」

ゆんみが叫《さけ》んでいる。

「だから、危険《きけん》だと言《い》ったでしょ」

ゆんみが心配《しんぱい》そうな顔《かお》している。

わかったよ、戻《もど》るよ。ちょっかい出《だ》さないよ。

わたしが渋々《しぶしぶ》ゆんみのところに戻《もど》ると、親牛《おやうし》たちは、また、のんびりと草《くさ》を食《た》べたり、寝《ね》ころんだりした。でも目《め》だけは、「こっちへ、来《く》るな」ってにらんでいる。

そんなことがあっても、山《やま》はいいよ。鳥《とり》たちが鳴《な》いている。羽《は》ばたく音《おと》もする。動物《どうぶつ》たちの鳴《な》き声《ごえ》もする。風《かぜ》の音《おと》もする。水《みず》が流《なが》れたり、木《き》が揺《ゆ》れたり、葉《は》っぱがこすれたりする音《おと》がする。ゆんみには、それが聞《き》こえないんだね。

〈見《み》えるよ。感《かん》じるよ〉

ゆんみの言《い》うとおりだね。そうだよね。

ミッション・トレイルに行《い》った日《ひ》も暑《あつ》かった。ゆんみは木陰《こかげ》で休《やす》んでいる。でも、そこだって暑《あつ》いよ。

小《ちい》さな洞窟《どうくつ》を見《み》つけた。ここは涼《すず》しい。ゆんみを連《つ》れてこよう。木陰《こかげ》のゆんみに、こっちに、もっと涼《すず》しいところがあるよって教《おし》えてあげた。

ゆんみがうしろからついてくる。

「わー、涼《すず》しい。サミー、ありがとう」

たくさん歩《ある》いて、いろいろ見《み》たあとだけに、しばらくここで休《やす》んだ。人間《にんげん》ってほんとうに不便《ふべん》だね。目《め》の前《まえ》にあるものしかわからない。わたしは体《からだ》で自然《しぜん》と触《ふ》れ合《あ》って感《かん》じ取《と》る。それをゆんみに教《おし》えてあげる。これは聴導犬《ちょうどうけん》としての仕事《しごと》じゃないけど、ゆんみがわたしに人間《にんげん》のことや、聾《ろう》のことを教《おし》えてくれるように、わたしもいろいろ教《おし》えてあげる。

聴導犬《ちょうどうけん》の仕事《しごと》ってなんだろう。

音《おと》の聞《き》こえないゆんみに、音《おと》を知《し》らせること？　お湯《ゆ》が沸《わ》くやかんの音《おと》や、ドアノックの音《おと》、目覚《めざ》まし時計《どけい》の音《おと》を知《し》らせること？　銀行《ぎんこう》や役場《やくば》でゆんみが呼《よ》ばれたら、それを知《し》らせること？

でもね、ゆんみは生《う》まれてからずっと聞《き》こえなかったんだよね。だから、聞《き》こえなくてもたいていのことはキャッチできるんだ。うしろから車《くるま》がやってきても、ゆんみは、さっと安全《あんぜん》なところに避《さ》けることができる。ほんとうは、聞《き》こえてるんじゃないの？　そんなふうに思《おも》えることもあるよ。でも、やっぱり聞《き》こえてないんだよね。

必要《ひつよう》なこと、大切《たいせつ》なことは、感《かん》じるんだね。耳《みみ》じゃない、別《べつ》のどこかで「聴《き》いている」んだね。

聴導犬《ちょうどうけん》の仕事《しごと》って、なんだろうな。

わたしになくて、ゆんみが持《も》っている能力《のうりょく》。ゆんみになくて、わたしが持《も》っている能力《のうりょく》。それを知《し》ることが大切《たいせつ》かな。

ゆんみは、インディアン*註にあこがれている。自然《しぜん》のままに、自然《しぜん》と共存《きょうぞん》した生《い》き方《かた》にあこがれている。文明《ぶんめい》の利器《りき》ではなくて、人間《にんげん》の感性《かんせい》が大切《たいせつ》だと感《かん》じている。それが、ほんとうの豊《ゆた》かさなのかな、って思《おも》っている。

犬《いぬ》も人《ひと》も、みんないっしょだ。生《い》きている。どちらが劣《おと》っているとか、どちらが優秀《ゆうしゅう》かなんて思《おも》っていない。いっしょなんだよね。与《あた》えられたなかで、精一杯《せいいっぱい》生《い》きている。

大好《だいす》きなゆんみと写真《しゃしん》撮《と》ったよ。親子《おやこ》で美人《びじん》だね……だよねっ！

ゆんみ註：インディアンとはアメリカ大陸の先住民のことです。コロンブスはアメリカ大陸の発見者じゃない。もともとこの大陸には自然と共存して生きる人々がいたのです。

＊エピソード11＊

そのころ、ゆんみは彼氏《かれし》と別《わか》れてひとり暮《ぐ》らしをしていた。ひとりぽっちは寂《さみ》しいよね。でも、「サミーがいたから、安心《あんしん》だった。安心《あんしん》して眠《ねむ》れた」ってゆんみは言《い》う。

ゆんみ、ありがとう。

大学院《だいがくいん》の授業《じゅぎょう》は夜《よる》一〇時《じ》に終《お》わる。自宅《じたく》に戻《もど》るのは一一時《じ》だ。こんな遅《おそ》い時間《じかん》、女《おんな》が夜道《よみち》をひとりで歩《ある》くのは危《あぶ》ないよ。

ある夜《よる》のこと。

ゆんみと大学院《だいがくいん》から帰《かえ》る途中《とちゅう》。向《む》こうから怪《あや》しげな人影《ひとかげ》。全身真《ぜんしんま》っ黒《くろ》のわたしに、その人影《ひとかげ》は気《き》がつかない。怪《あや》しい人影《ひとかげ》が、ゆんみのほうへ、ますます近《ちか》づいてくる。

ウウウウウウッ。

わたしのうなり声《ごえ》に人影《ひとかげ》が驚《おどろ》いて、さっとどこかへ行《い》ってしまった。これも、わたしの能力《のうりょく》のひとつだね。

うなり声《ごえ》もすごいけど、いびきもすごくて、ゆんみが授業《じゅぎょう》を受《う》けているときに、うっかり寝《ね》てしまって、すごいいびきが教室中《きょうしつじゅう》に響《ひび》いたんだ。

MMMMMM……

教授《きょうじゅ》も学生《がくせい》も大笑《おおわら》いした。もっとも、わたしは寝《ね》ていて気《き》がつかなかったけど……。これも、能力《のうりょく》かな。

遅刻《ちこく》してきた学生《がくせい》が、コソコソと忍《しの》び足《あし》で教室《きょうしつ》に入《はい》ってきた。わたしの前《まえ》を教授《きょうじゅ》に気《き》づかれないように、歩《ある》いている。ものすごくあやしい歩《ある》き方《かた》だ。泥棒《どろぼう》みたいな歩《ある》き方《かた》。

うなった。（ドッキーン怖《こわ》い）わたしを避《さ》けながら席《せき》を探《さが》している。ますますあやしい歩《ある》き方《かた》だ。

思《おも》いっきり吠《ほ》えた。

＊エピソード12＊

この人《ひと》は聾《ろう》かどうか、この人《ひと》は耳《みみ》が聞《き》こえる人《ひと》かどうか、わたしにはすぐにわかるんだ。理由《りゆう》はね、雰囲気《ふんいき》。

ゆんみの友《とも》だちは聾《ろう》が多《おお》い。聾《ろう》の人《ひと》の態度《たいど》、雰囲気《ふんいき》があるんだ。ミラー現象《げんしょう》っていうんだよ。＊註

同《おな》じ聾《ろう》同士《どうし》が集《あつ》まると、なぜかみんな仲間《なかま》意識《いしき》持《も》つんだよね。雰囲気《ふんいき》が似《に》てる。ところが、耳《みみ》が聞《き》こえる人《ひと》の中《なか》には、明《あき》らかに聾《ろう》をバカにした態度《たいど》をとる人《ひと》がいる。言葉《ことば》はていねいでも、わかるんだよね。だから、うなったり、吠《ほ》えちゃうんだ。ゆんみは、「シーッ」ってするけど……心《こころ》の中《なか》では（サミー、えらいぞ。私《わたし》の代《か》わりによく言《い》ってくれた！）って思《おも》っているみたいだよ。でも、手話《しゅわ》通訳《つうやく》者《しゃ》やゆんみのこと大事《だいじ》にしてくれる人《ひと》は別《べつ》だよ。ゆんみのこと愛《あい》してくれてありがとう。ゆんみの友《とも》だちは、みんなわたしの友《とも》だちだよ。

＊エピソード13＊

わたしは制服《せいふく》を着《き》た人《ひと》はどうしても警戒《けいかい》しちゃうんだよね。なんでだろう。警官《けいかん》は腰《こし》にピストルがある。火薬《かやく》のにおいがするし、人《ひと》を威嚇《いかく》しているし、なにも悪《わる》いことしてないのに、(悪《わる》いことするなよ)って、目《め》で見《み》るから、ついつい(なんだよ、文句《もんく》あんの？) って、反応《はんのう》しちゃうんだよね。威張《いば》っているから嫌《きら》いなのかな。

犬社会《いぬしゃかい》でも、威張《いば》ってばかりいる犬《いぬ》は、みんなから嫌《きら》われる。ぜったいにリーダーにはなれない。仲間《なかま》をおもいやる犬《いぬ》が、リーダーなんだ。人間《にんげん》だって同《おな》じだって。

ある日《ひ》、わたしは異常《いじょう》なほど吠《ほ》えまくった。ゆんみになにやら外《そと》が騒《さわ》がしくて危険《きけん》な感《かん》じがすると知《し》らせた。

ゆんみはいつもわたしを信《しん》じてくれて、ドアを開《あ》けて確認《かくにん》したら、アパートの近《ちか》くに何人《なんにん》もの警察《けいさつ》が来《き》て、尋問《じんもん》みたいなことをしていたの。

ゆんみ註：ミラー現象とは鏡のように相手の気持ちが自分に映る（伝わってくる）現象のこと。

ゆんみは「わかったから、もう吠《ほ》えなくてもいいよ」と言《い》う。でもなんとなくアヤシイ雰囲気《ふんいき》だ。危険《きけん》が完全《かんぜん》に去《さ》るまで落《お》ち着《つ》かないぞ。

ずっとドアの前《まえ》で監視《かんし》した。その警官《けいかん》たちが去《さ》った後《あと》、わたしは緊張感《きんちょうかん》を解《と》いてゆっくりくつろいだ。ここではわたししかゆんみを危険《きけん》から守《まも》ってあげられないから。

＊エピソード14＊

ゆんみは、いつもわたしとスキンシップしてくれる。
その日《ひ》もゆんみが、わたしの体《からだ》をなでてくれた。
異常発見《いじょうはっけん》。
ゆんみが変《へん》な顔《かお》している。わたしの右《みぎ》の頭《あたま》の近《ちか》くに、疣《イボ》のようなもの発見《はっけん》。
なんじゃ？
見《み》てみると、なんと黒《くろ》い足《あし》がそこから出《で》ていて、モゾモゾと動《うご》いている。

ウギャー。

ゆんみが悲鳴《ひめい》をあげた。ダニだ。TICK《チック》というやつだ。

頭《あたま》から体《からだ》に食《く》い込《こ》み、体《からだ》の血液《けつえき》を吸《す》い取《と》る。ゆんみはティッシュでダニの足《あし》をつかみ、つぎに胴体《どうたい》をつかんで、エイっと抜《ぬ》いた。

ブチッ。

つぶした。

薄《うす》いピンク色《いろ》にティッシュが染《そ》まる。ほんとうは、ペンチで抜《ぬ》いたほうがいいらしい。そうしないと、頭《あたま》が体《からだ》のなかに残《のこ》るからだ。でも、大丈夫《だいじょうぶ》だと思《おも》う。見《み》た目《め》ではなにも残《のこ》っていない。ちゃんと消毒液《しょうどくえき》で、抜《ぬ》いたところを拭《ふ》いてくれた。念《ねん》のため、虫刺《むしさ》されの塗《ぬ》り薬《ぐすり》をつけてもらった。

しばらくしたら三ミリくらい、丸《まる》く、赤《あか》くなった。まあ、あしたになれば治《なお》るよ。わたしは人間《にんげん》よりも回復力《かいふくりょく》が早《はや》いんだから。ゆんみは心配《しんぱい》して、獣医《じゅうい》さんに連《つ》れていった。

「なんでもないですよ」

ゆんみはほっとした。

ノーリードで山《やま》を駆《か》け下《お》りるわたし。

*** 4章《しょう》 ***

試《し》練《れん》

＊エピソード7＊

ゆんみは大学院《だいがくいん》を卒業《そつぎょう》した。でも、肝心《かんじん》の就職《しゅうしょく》が決《き》まらない。一カ月《げつ》ほど、ゆんみはなんにもしないで暮《く》らした。もちろん、ビンボー。すごくビンボー。なんにもやることがないから、ゆんみはわたしと遊《あそ》んだ。いろんなところにも行《い》った。だから、わたしはとってもたのしかった。

一カ月《げつ》すぎたら、ゆんみは引《ひ》っ越《こ》しの準備《じゅんび》を始《はじ》めた。就職《しゅうしょく》が決《き》まったみたいだ。

「サミー、引《ひ》っ越《こ》しよ。ここから二日《ふつか》かけて行《い》くのよ。ロングドライブになるわよ」

ええ〜、また引《ひ》っ越《こ》しなのぉ。ココでいいんじゃないの。温《あたた》かいし、居心地《いごこち》いいじゃない。ここでいいよぉ。

「やかましいぃ。引《ひ》っ越《こ》しと言《い》ったら、引《ひ》っ越《こ》しなの。今度《こんど》のところは、ウィスコンシン州《しゅう》じゃ。ちょっと遠《とお》いけど、サミーもいっしょだからね」

ウ・イ・ス・コ・ン・シ・ン？

なに、それ、知《し》らないよ。でも、ゆんみといっしょだから、我慢《がまん》する。ゆんみが必死《ひっし》で荷造《にづく》りする。荷物《にもつ》を車《くるま》に詰《つ》め込《こ》んだ。荷物《にもつ》で車《くるま》はギュウギュウになった。

あれ？　わたしが乗《の》るところは？

「ここ、ここよ」

ゆんみの隣《とな》り。狭《せま》い。思《おも》いっきり狭《せま》い。

ヤダ、ヤダ、こんな狭《せま》いところは。

「なに、わがまま言《い》ってんのよ。そんなこと言《い》うと、ここに置《お》いていっちゃうぞ。それでもいいか！」

置《お》いていかれるのは、ヤダ。乗《の》りますよ、乗《の》りますよ。そんなに言《い》うなら。

しぶしぶ、乗《の》った。

助手席《じょしゅせき》なんて、初《はじ》めて座《すわ》るぞ。変《へん》な感《かん》じ。目《め》の前《まえ》に大《おお》きな窓《まど》があるし、足《あし》も伸《の》ばせないし……。

車《くるま》はいよいよスタートした。

冬《ふゆ》のカリフォルニアから、ウィスコンシン州《しゅう》へ。

ゆんみは、さっそく地図《ちず》を見《み》ている。

まだ出発《しゅっぱつ》したばかりだというのに、もう道《みち》に迷《まよ》ったの？

「確認《かくにん》だよ、確認《かくにん》」

そう？　そうだといいんだけど。

カリフォルニアは広《ひろ》い。ゆんみがサンフランシスコを出《で》て、サクラメントをめざしていたときは、サンフランシスコ名物《めいぶつ》の重《おも》い霧《きり》がかかっていた。

ゆんみは、ハンドルにかじりつくようにして前《まえ》を見《み》て、運転《うんてん》している。

霧《きり》が晴《は》れると、ゆんみの緊張《きんちょう》も一気《いっき》にほぐれて、トイレタイム。

夜《よる》になった。

その日《ひ》は、SALT《ソルト》　LAKE《レイク》　CITY《シティー》に泊《と》まることに。サンフランシスコとは一時間《じかん》の時差《じさ》がある。

二日目《ふつかめ》。

ゆんみは、まだ日《ひ》が昇《のぼ》らないうちにチェックアウトした。寒《さむ》い。わたしは助手《じょしゅ》席《せき》に座《すわ》った。

ワイオミングに入《はい》った。

雪《ゆき》が降《ふ》ってきた。風《かぜ》も出《で》てきた。吹雪《ふぶき》になってしまった。

ワイパーが必死《ひっし》になって、フロントガラスを行《い》ったり来《き》たりしているけど、ちっとも役《やく》に立《た》たない。ライトがめちゃくちゃに舞《ま》っている雪《ゆき》を照《て》らしている。ものすごく怖《こわ》い風《かぜ》の音《おと》がしているけど、ゆんみは聞《き》こえない。

しばらくすると、吹雪《ふぶき》はやみ、なんともない空《そら》になった。

すると今度《こんど》は黄色《きいろ》い空気《くうき》につつまれてしまった。砂塵《さじん》だ。風《かぜ》が巻《ま》き上《あ》げた細《こま》かい砂《すな》が、舞《ま》い上《あ》がっている。風《かぜ》で小枝《こえだ》のかたまりが、クルクルまわって走《はし》り去《さ》っていく。西部劇《せいぶげき》みたいだ。その木《き》の枝《えだ》はたくさんプレートにくっついていた。

このオンボロ車《ぐるま》で、大丈夫《だいじょうぶ》？

「大丈夫《だいじょうぶ》なわけ、ないでしょ！」

ゆんみが、悪戦苦闘《あくせんくとう》しながら運転《うんてん》している。もう、人《ひと》も車《くるま》も、そしてわたしも、限界《げんかい》みたいだ。

とても寒《さむ》い。窓《まど》をきちんと閉《し》めているはずなのに、どこからともなく、寒《さむ》い風《かぜ》が車《くるま》のなかに入《はい》ってくる。ヒーターをいれてもほとんどきかない。どうにか、目的地《もくてきち》が近《ちか》づいてきた。

そのころ、わたしのお尻《しり》がとても痛《いた》くなった。痛《いた》くてじっとしていられない。もじもじしているわたしに、ゆんみが気《き》がついた。

「どうしたの？　サミー、もうちょっとの辛抱《しんぼう》だからね。ね、わかった？」

ゆんみがわたしの体《からだ》を触《さわ》った。

「あれ？　ちょっと変《へん》」

お尻《しり》が真《ま》っ赤《か》っか。なんと、尻擦《しりず》れ。靴擦《くつず》れならわかるけど、尻擦《しりず》れだ。

「サミー、ごめんね。やっぱり助手席《じょしゅせき》はサミーには狭《せま》すぎたんだね。ウィスコンシン州《しゅう》はもうすぐ。着《つ》いたら手当《てあて》してあげるからね」

ゆんみが謝《あやま》っている。

いいよ。ゆんみこそ、ロングドライブの運転《うんてん》、大変《たいへん》だったね。

ゆんみの就職《しゅうしょく》は、臨時教師《りんじきょうし》。

聾学校《ろうがっこう》の幼稚部《ようちぶ》を担当《たんとう》することになった。聾学校《ろうがっこう》だから、聴導犬《ちょうどうけん》は大歓迎《だいかんげい》。ゆんみといっしょに仕事《しごと》ができる。と、よろこんだのもつかの間《ま》、四日目《かめ》には、わたしは自宅待機《じたくたいき》となってしまった。

子《こ》どもたちが、まだ小《ちい》さすぎたんだよ。わたしを触《さわ》ったりするのはまだいいとしても、背中《せなか》に乗《の》っかったり、しっぽを踏《ふ》んだり、突進《とっしん》してきたり、もう大変《たいへん》。突然暴《とつぜんあば》れ出《だ》してしまう子《こ》どももいるし、そういうわけで、わたしは自宅待機《じたくたいき》というわけ。

臨時教師《りんじきょうし》のゆんみとしては、子《こ》どもたちと、わたしのことを考《かんが》えると、それが最善《さいぜん》の選択《せんたく》だったんだ。

＊エピソード2＊

冬《ふゆ》のウィスコンシンは、ものすごく寒《さむ》い。零下《れいか》二〇度《ど》くらい当《あ》たり前《まえ》。ゆんみの職場《しょくば》の同僚《どうりょう》も、犬《いぬ》を飼《か》っていて、その犬《いぬ》といっしょに零下《れいか》二〇度《ど》のなかで遊《あそ》んだんだ。その同僚《どうりょう》の家《いえ》の中庭《なかにわ》。わたしとその犬《いぬ》をゆんみが連《つ》れ出《だ》した。

〝Go《ゴー》（行《い》け）！ Play《プレイ》 Sammy《サミー》（遊《あそ》べサミー）！〟と、ゆんみはうれしそうだ。

でも、ゆんみは、「外《そと》は寒《さむ》い」とさっさと家《いえ》のなかに入《はい》ってしまった。

その犬《いぬ》はわたしといっしょに遊《あそ》ぼうよと駆《か》けまわるが、わたしはゆんみが見《み》てくれないと遊《あそ》べなかった。ずっとゆんみがいる窓越《まどご》しで待《ま》っていた。

ゆんみは、はーとため息《いき》。しぶしぶ防寒着《ぼうかんぎ》に身《み》を固《かた》めて、庭《にわ》に出《で》てきた。

ゆんみが見《み》てくれるなら遊《あそ》ぶよ。

いつの間《ま》にやら、ゆんみは、（鼻《はな》の穴《あな》が凍《こお》る！）と、再《ふたた》び家《いえ》に入《はい》った。ほんとうに、鼻《はな》の中《なか》が凍《こお》ってしまったらしい。

ゆんみはどこ？　遊《あそ》ぶのやめて、窓《まど》に行《い》った。

ゆんみ、出《で》ておいでよ。

ゆんみが窓《まど》から、わたしを見《み》て笑《わら》っている。

なにがおかしいのよ！

わたしの息《いき》やよだれが、凍《こお》って、口《くち》のまわりで白《しろ》いヒゲみたいになっていた。

＊エピソード３＊

六月一日《がつついたち》はわたしの誕生日《たんじょうび》。三歳《さい》になった！

ゆんみは犬《いぬ》を飼《か》っている友人《ゆうじん》たちに、わたしのための誕生《たんじょう》パーティを呼《よ》びかけた。ところがあいにく予定《よてい》が入《はい》っている人《ひと》がほとんどで、ならばと、友人《ゆうじん》のひとりといっしょに、ミルウォーキーで「聾者《ろうしゃ》で犬《いぬ》を飼《か》っている人集《ひとあつ》まれ」と、募《つの》ることにした。

そこには広々《ひろびろ》とした犬専用《いぬせんよう》の遊《あそ》び場《ば》がある。カリフォルニアの遊《あそ》び場《ば》と比《くら》べると、ちょっと劣《おと》るけど、でもたくさんの犬《いぬ》たちと、走《はし》ったりじゃれ合《あ》ったりできるから、うれしい。このところ留守番《るすばん》することが多《おお》かったから運動不足《うんどうぶそく》だったので、思《おも》いっきり走《はし》った。

足《あし》の速《はや》さなら一番《いちばん》。だれにも負《ま》けない。

三時間《じかん》ほど遊《あそ》びまくった。

あー、のどがかわいた。

わたしの十八番《じゅうはちばん》のバケツ顔面突入《がんめんとつにゅう》、土堀《つちほ》りならぬ水堀《みずほ》り！ そして、顔《かお》を濡《ぬ》らした水《みず》を思《おも》いきり吹《ふ》き飛《と》ばす。

ブルッブルッ、ピッ、ピッ。

その場《ば》にいた人《ひと》は迷惑顔《めいわくがお》していた。わたしのブルッブルッで濡《ぬ》れてしまうからね。

いつもなら、濡《ぬ》らした顔《かお》をゆんみのズボンをタオル代《が》わりにして拭《ふ》くのだ。あいにくゆんみは、水飲《みずの》み場《ば》にはいなかった。

犬《いぬ》の交流会《こうりゅうかい》が終《お》わって家《いえ》に戻《もど》った。わたしは疲《つか》れて、そのまま、グピーと横《よこ》になった。

その晩《ばん》の食事《しょくじ》はちょっと豪華《ごうか》だった。いつものドライドッグフードに刻《きざ》んだキャベツにチーズが添《そ》えられていた。わたしはチーズとキャベツが大好《だいす》き。キャベツはお腹《なか》にいいけど、チーズはカロリーが高《たか》いから特別《とくべつ》なことがないと食《た》べられない。きょうは、わたしの誕生日《たんじょうび》だから特別《とくべつ》なんだよね。

翌日《よくじつ》、ゆんみの友人《ゆうじん》が、わたしにと、誕生日《たんじょうび》のプレゼントを持《も》ってきてくれた。友人《ゆうじん》の犬《いぬ》の名前《なまえ》はベア。プレゼントに「サミーへ　ベアより」と、メッセージとリボンが添《そ》えられていた。うれしいなぁ。

中身《なかみ》はなんだろう?

犬用《いぬよう》のアイスクリームでした。

(うわあああ、おいしそう)

わたしの目《め》が、大《おお》きくなった。

＊エピソード4＊

ゆんみはわたしのママ。だから、ずっと甘《あま》えていたい。

アパートの近《ちか》くに広場《ひろば》がある。広場《ひろば》で、子《こ》どもたちがときどき草野球《くさやきゅう》をしている。もちろん犬《いぬ》も散歩《さんぽ》する。わたしとゆんみの、お気《き》に入《い》りの散歩《さんぽ》コースなんだ。

ある日《ひ》、わたしは草《くさ》の茂《しげ》る広場《ひろば》の片隅《かたすみ》に、小《ちい》さなたくさんの穴《あな》が開《あ》いていることに気《き》がついた。

なんだろう？

ゆんみは、モグラの穴《あな》かな、って思《おも》っている。

ゴソゴソゴソ。

穴《あな》の中《なか》から音《おと》がする。あっちの穴《あな》から、こっちの穴《あな》からと、音《おと》がする。

音《おと》がする穴《あな》に鼻《はな》を突《つ》っ込《こ》んでみた。なにかがいるよ。なんだろう？

音《おと》がする穴《あな》に何度《なんど》か鼻《はな》を突《つ》っ込《こ》んでいるうちに、やっと捕《つか》まえた。

ゆんみ、ゆんみ、ほらっ、捕《つか》まえたよ。

口《くち》にくわえたものを見《み》て、ゆんみが悲鳴《ひめい》をあげた。

ぎゃあああああああ。

ゆんみは、わたしを捕《つか》まえて獲物《えもの》を放《はな》せと言《い》う。

「Sammy《サミー》!　Stop《ストップ》!　Off《オフ》!（放《はな》せ！）」

やだっ。この獲物《えもの》はわたしのものだよ。

わたしのカラーをつかんでいるゆんみの手《て》に力《ちから》がはいる。

わかったよ、わかりましたよ。放《はな》せばいいんでしょ。

口《くち》を開《あ》けて、獲物《えもの》を放《はな》した。

ゆんみはなんだろうとその獲物《えもの》を見《み》た。それはプレーリードッグの子《こ》ども。

草《くさ》のなかから、子《こ》どもの親《おや》が心配《しんぱい》そうにこっちを見《み》て、鳴《な》いている。

強《つよ》く噛《か》んでいないから、大丈夫《だいじょうぶ》だとは思《おも》うけど……、でも捕《つか》まえられたショックで、子《こ》どもは動《うご》けないでいる。弱々《よわよわ》しい鳴《な》き声《ごえ》を出《だ》している。

「No《ノー》!（だめ！）Stay《スティ》 away《アウェイ》!（離《はな》れてろ！）」

ゆんみは、怒《おこ》ったみたいにわたしに言《い》う。

ゆんみは、両手《りょうて》でプレーリードッグの子《こ》どもをかかえると、指《ゆび》でさすりながら、

「ごめんね」と言《い》っている。そして親《おや》のいる草《くさ》むらに、その子《こ》をそっと戻《もど》した。

ゆんみはわたしとその場《ば》を去《さ》った。

ゆんみはプレーリードッグ親子《おやこ》が気《き》になって、あとで様子《ようす》を見《み》に行《い》ったら、姿《すがた》がなかった。ゆんみは、親子《おやこ》が無事《ぶじ》であることを祈《いの》った。

＊エピソード5＊

ウィスコンシンでの臨時教師《りんじきょうし》の仕事《しごと》は、夏《なつ》をすぎるまでつづいた。

アメリカは九月《がつ》から新学期《しんがっき》、新学年《しんがくねん》が始《はじ》まるんだ。だから、ゆんみの臨時教師《りんじきょうし》の契約《けいやく》も八月《がつ》までだった。

夏《なつ》、つぎの就職《しゅうしょく》のための面接《めんせつ》で、ボストンに行《い》くことになった。

ボストンにある聾学校《ろうがっこう》で教師《きょうし》を募集《ぼしゅう》しているという。書類《しょるい》だけではダメで、実《じっ》

際《さい》に面接《めんせつ》が必要《ひつよう》とのことだ。またまたロングドライブ。ボストンまで車《くるま》で一八時《じ》間《かん》。遠《とお》い。途中《とちゅう》のワシントンＤＣ《ディーシー》に友人《ゆうじん》がいるので、そこで二泊《はく》することになった。でも、そのワシントンＤＣ《ディーシー》まで、一五時間《じかん》かかるんだよ。トホホホ。

朝《あさ》の四時半《じはん》。

オンボロ車《ぐるま》が動《うご》き出《だ》した。

ウィスコンシンからワシントンＤＣ《ディーシー》までＩ《インターステート》／90ルートをつかう。ただし有料道路《ゆうりょうどうろ》が多《おお》い。ゆんみは料金所《りょうきんじょ》で、おっかない顔《かお》になる。

時間《じかん》がもったいないので、ドライブインには寄《よ》らない。運転《うんてん》しながら、ゆんみは昼食《ちゅうしょく》をパクついている。車《くるま》が止《と》まるのは、ガソリン補給《ほきゅう》と、トイレタイムだけ。ゆんみもがんばっているけど、このオンボロ車《ぐるま》のほうががんばっている。たいしたもんです。

ＤＣ《ディーシー》に着《つ》いた。

ここからは、細《こま》かい道《みち》を走《はし》って、友人宅《ゆうじんたく》にたどり着《つ》く必要《ひつよう》がある。ところが、曲《ま》がる道《みち》を間違《まちが》えた。ゆんみはPeger《ペガー》というものをつかって、泊《とま》る友人《ゆうじん》にヘルプを要請《ようせい》した。このシステムは、携帯電話《けいたいでんわ》のようなもの。形《かたち》はポケベルで小《ちい》さいキーボートがついてメール機能《きのう》が入《はい》っている。

メールを受《う》け取《と》った友人《ゆうじん》は迷《まよ》ったところまですぐに迎《むか》えにきてくれた。一泊目《ぱくめ》の友人宅《ゆうじんたく》に着《つ》いた。疲《つか》れた。ヘトヘトだよ。

その友人宅《ゆうじんたく》は事情《じじょう》があって、動物禁止《どうぶつきんし》なんだ。しかたなく、わたしは地下室《ちかしつ》へ。

翌日《よくじつ》、ゆんみの母校《ぼこう》へ。

卒業《そつぎょう》してまだ三年《ねん》しかたっていないのに、ずいぶんと変《か》わっていて、ゆんみは驚《おどろ》いた。ゆんみが卒業《そつぎょう》したあと、いろいろ増築《ぞうちく》、改築《かいちく》をしたようだ。卒業《そつぎょう》して三年《ねん》ということは、ゆんみとわたしが出会《であ》ってから、三年《ねん》ということになるんだね。

二泊目《はくめ》は、バルティモア近《ちか》くの友人宅《ゆうじんたく》。ここは愛犬家《あいけんか》の家《いえ》だった。家《いえ》のなかを自由《じゆう》にくつろげた。一泊目《ぱくめ》とはえらい違《ちが》いだ。まぁ、いろいろな事情《じじょう》、いろいろな人《ひと》がいるということなんだよね。

翌日《よくじつ》、いよいよ就職《しゅうしょく》の面接《めんせつ》のために、ボストンへと向《む》かう。ボストンには知《し》り合《あ》いがいない。ホテルに泊《と》まることになった。もちろんわたしもOK《オーケー》。朝《あさ》の一〇時《じ》から面接《めんせつ》。しかも二つ。WS《ダブルエス》とTLC《ティーエルシー》。WS《ダブルエス》は学力《がくりょく》や態度《たいど》など問題《もんだい》のある生徒《せいと》たちがあつまっている。一年間《ねんかん》、ぶっ通《とお》しの仕事《しごと》。年収《ねんしゅう》は三万《まん》七千《せん》ドル。悪《わる》くない。

TLC《ティーエルシー》は普通《ふつう》の生徒《せいと》たちを担当《たんとう》するもので、一〇カ月《げつ》の仕事《しごと》となる。つまり、二カ月間《げつかん》の夏休《なつやす》みがあるというわけ。でも、年収《ねんしゅう》は三万《まん》ドル。（どちらかが決《き》まりますように）ゆんみは祈《いの》った。

面接《めんせつ》が終《お》わったあと、ハーバード大学《だいがく》へ行《い》った。噂《うわさ》どおり、ハーバード氏《し》の銅《どう》像《ぞう》の右足《みぎあし》が、ピカピカ輝《かがや》いていた。観光者《かんこうしゃ》が頭《あたま》がよくなりますようにと願掛《がんか》けに触《さわ》っていくからだそうです。触《さわ》ったぐらいで頭《あたま》がよくなるのなら、だれも苦労《くろう》して勉強《べんきょう》しないって。ゆんみ、あああ、という顔《かお》をした。それ以上《いじょう》、大学《だいがく》を見学《けんがく》する気《き》になれなかったみたいだ。それに、ずっと運転《うんてん》しっ放《ぱな》しで疲《つか》れていたし。

翌朝《よくあさ》、再《ふたた》びＤＣ《ディーシー》の友人《ゆうじん》の家《いえ》に戻《もど》った。

翌日《よくじつ》にはあらためて母校《ぼこう》へ。そこで今晩泊《こんばんと》まる女友《おんなとも》だちと会《あ》う。その彼女《かのじょ》は二年前《ねんまえ》、日本《にほん》に行《い》ったことがあり、それ以来《いらい》、ゆんみと仲良《なかよ》しになった。彼女《かのじょ》の家《いえ》はバージニア。しかも愛犬家《あいけんか》で犬《いぬ》を飼《か》っていた。家《いえ》の近《ちか》くにはドッグランもある。しかも、犬用《いぬよう》のプールまである。

わたしは、走《はし》って走《はし》って走《はし》りまくった。ストレス一気《いっき》に爆発《ばくはつ》、解消《かいしょう》。水浴《みずあ》びもいっぱいした。ゆんみは、女友《おんなとも》だち三人《にん》と、ワインで乾杯《かんぱい》している。

そのあと夕食《ゆうしょく》へ出《で》かける。ゆんみはいろいろしゃべったなあ。

そして、バルティモアの友人《ゆうじん》の家《いえ》に戻《もど》り、朝《あさ》の五時《じ》には出発《しゅっぱつ》した。ほんと、ハードスケジュールだね。戻《もど》りは、ルートＩ《インターステート》／70。なんでかというと、有料道路《ゆうりょうどうろ》がないから。おかげさまで、ゆんみは一度《ど》もおっかない顔《かお》にならずにすんだ。でも、そのかわり着《つ》いたのは夜《よる》の七時《じ》だった。

「ああああ、腰《こし》が痛《いた》ぃ〜」

ゆんみがうなっている。スパへ行《い》ってマッサージしてもらいたい。でも、お金《かね》がない。アパートの浅《あさ》いバスタブにお湯《ゆ》をいれて入《はい》った。

ゆんみの友人《ゆうじん》。

「ゆんみは、Ｃｒａｚｙ《クレージー》」

がんばりすぎ、やりすぎ、もっとゆっくり、ゆったり、余裕《よゆう》をもって。でも、突《つ》っ走《ぱし》っちゃう。だから、Ｃｒａｚｙ《クレージー》。

ゆんみが反論《はんろん》。

「だって、若《わか》い今《いま》しかできないもん。四〇、五〇になったら、できないぞ」

そうかもしれないけど、健康《けんこう》が第一《だいいち》じゃないの？　無理《むり》をしたら、わたしみたいに、お尻《しり》が赤《あか》く擦《す》れちゃうよ。車《くるま》だって、こき使《つか》われてかわいそうだよ。

＊エピソード６＊

でこぼこ道《みち》。オンボロ車《ぐるま》がゆんみとわたしを乗《の》せて、きょうも走《はし》っている。

ん？　変《へん》だぞ。ちょっと、ちょっと、ゆんみ！　車《くるま》が変《へん》だよ。

「なにも変《へん》なことないよ。道《みち》がでこぼこだから、こんなになるのよ」

違《ちが》うよ、これは道《みち》のせいじゃないよ。ゆんみ、車《くるま》を止《と》めて！

ゆんみは、ようやく車《くるま》を止《と》めた。

「サミー、ほんとうに車《くるま》が変《へん》なの？　ちょっと、調《しら》べてみるからね」

ああああ。ゆんみの悲鳴《ひめい》が聞《き》こえた。

タイヤのゴムがちぎれて、中《なか》のワイヤーがむき出《だ》しになって、タイヤが回転《かいてん》するたびに、バタン、バタンしていたんだ。このまま走《はし》っていたら、タイヤが加熱《かねつ》して、バースト（パンクのこと）するところだった。

「サミー、ありがとう」

ゆんみはスペアタイヤにして、いそいで修理屋《しゅうりや》さんへ行《い》った。

タイヤだけじゃない。エンジンだって異常《いじょう》ノイズがすることがある。そんなときも、ゆんみに急《いそ》いで教《おし》えてあげる。オンボロ車《ぐるま》なのに、こき使《つか》いすぎだって。

ゆんみの体《からだ》も大丈夫《だいじょうぶ》かな。心配《しんぱい》だよ。

ウィスコンシンに戻《もど》って三日後《みっかご》、連絡《れんらく》があった。

TLC《ティーエルシー》の仕事《しごと》が内定《ないてい》！　よかった、よかった。

でも……ええええ、また、引《ひ》っ越《こ》しなのぉ。箱《はこ》を見《み》るのは嫌《いや》だよ。

ゆんみは嬉々《きき》として荷造《にづく》りを始《はじ》めた。そして、いよいよ引《ひ》っ越《こ》しだ。すでにほとんどの荷物《にもつ》は業者《ぎょうしゃ》に頼《たの》んで送《おく》っている。残《のこ》りの手荷物《てにもつ》程度《ていど》を、車《くるま》のうしろに詰《つ》め込《こ》んだ。

今度《こんど》の引《ひ》っ越《こ》しは、ゆんみのパパもいっしょだ。二〜三週間《しゅうかん》、アメリカに滞在《たいざい》するらしい。おじいさんだ。

おじいさんが助手席《じょしゅせき》。わたしは荷物《にもつ》がたくさん詰《つ》められた、うしろのシートのすき間《ま》。前回《ぜんかい》と比《くら》べて足《あし》が伸《の》ばせるのはいいけど、座《す》ったり立《た》ったりすることができない。

狭《せま》いよ！

「サミー、ごめん。許《ゆる》してくれ！」

ボストンに着《つ》いた。TLC《ティーエルシー》が用意《ようい》してくれた空《あ》き部屋《べや》は、なんと地下室《ちかしつ》だ。こりゃひどい！ カビだらけだぞ。ここに住《す》めっていうの。そりゃ、ないよ。翌日《よくじつ》、理事長《りじちょう》に直談判《じかだんぱん》した。

「いくらなんでも、あの部屋《へや》はひどすぎる」

「わかりました。では、生徒《せいと》たちはいま夏休《なつやす》みですので、生徒《せいと》たちが戻《もど》るまで、女子寮《じょしりょう》をつかってください」

「そのあとは？」

「ご自分《じぶん》で、お探《さが》しください」

これがアメリカってもんだ。ここまではわたしの責任《せきにん》、これ以上《いじょう》は、あんたの責任《せきにん》。あとはご自由《じゆう》に、ってやつだ。ゆんみはさっそく友人《ゆうじん》と連絡《れんらく》をとって家《いえ》をさがした。なんと庭付《にわつ》きの家《いえ》を格安《かくやす》で借《か》りることができた。しかも、ルームメイト*註がいたので家賃《やちん》はおてごろだ。（やったー。ラッキー）

でも、いいことばかりじゃない。オンボロ車《ぐるま》を酷使《こくし》したツケがまわってきた。おじいさんのために、観光《かんこう》している途中《とちゅう》、ついにオンボロ車《ぐるま》がダウンした。レッカー移動《いどう》。三五〇ドル。車《くるま》の修理代《しゅうりだい》。三五〇ドル。高《たか》い！　高《たか》すぎる！　でも、しょうがない。ゆんみは、「バカヤロー」と泣《な》いて叫《さけ》んだ。だれに向《む》かって？　もちろん自分《じぶん》に向《む》かって。一週間後《しゅうかんご》、おじいさんは日本《にほん》へ帰《かえ》った。

＊エピソード7＊

ゆんみの初仕事《はつしごと》。ワクワク。

担当《たんとう》は小学《しょうがく》三年《ねん》。ゆんみの受《う》け持《も》ち生徒《せいと》は三人《にん》。合計《ごうけい》一〇人《にん》の小学《しょうがく》三年《ねん》は三人《にん》の先生《せんせい》で受《う》け持《も》っている。

ゆんみは国語《こくご》、算数《さんすう》、理科《りか》の担当《たんとう》だ。一生懸命《いっしょうけんめい》に夢中《むちゅう》で働《はたら》いた。休日《きゅうじつ》も返上《へんじょう》して。またまた、ゆんみの無鉄砲《むてっぽう》な張《は》り切《き》りだ。あんまり無理《むり》すると、体《からだ》をこわすよ。車《くるま》だってこわれただろ。

ゆんみ註：物件を共同で借りる。部屋数が複数あると可能。家賃は折半ということが多い。むろんお互いの気が合うということが大前提。

仕事《しごと》に忙《いそが》しいゆんみはちっとも遊《あそ》んでくれない。ゆんみのルームメイトがそのかわり、いっぱい遊《あそ》んでくれた。

＊エピソード8＊

ある日《ひ》、とうとう、ゆんみが倒《たお》れた。

教科書《きょうかしょ》はあるけど、個人別《こじんべつ》に指導《しどう》するから個人別《こじんべつ》の課題《かだい》を作《つく》っていく必要《ひつよう》がある。受《う》け持《も》つ生徒《せいと》のうちのひとりがどうも気《き》になる。手話《しゅわ》がわからないし、まともな会話《かいわ》もできない。その生徒《せいと》だけ浮《う》いていた。その生徒《せいと》は転校生《てんこうせい》だった。いろいろ事情《じじょう》をかかえていた。その生徒《せいと》の気持《きも》ちを読《よ》み取《と》れるのはゆんみだけだった。

ゆんみにだけなつく。ゆんみの言《い》うことは聞《き》くけど、ほかの人《ひと》の言《い》うことは聞《き》かない。ゆんみが根気《こんき》よく聞《き》いてあげると、その生徒《せいと》はいろいろ話《はな》した。表現《ひょうげん》があまり上手《うま》くない子《こ》。だからこそ、うまく読《よ》み取《と》ってあげないとその子《こ》はいらだつ。

ゆんみは今《いま》までの引《ひ》っ越《こ》し、職探《しょくさが》し、そして慣《な》れない環境《かんきょう》と新《あたら》しい職場《しょくば》に一気《いっき》にストレスがたまった。

朝《あさ》、起《お》きようとしても、体《からだ》が動《うご》かない。

(学校《がっこう》に、連絡《れんらく》を入《い》れなくては)

寝室《しんしつ》は二階《かい》。連絡《れんらく》のためのTTY《ティーティーワイ》は一階《かい》にある。でも、動《うご》けない。

這《は》うようにして、TTY《ティーティーワイ》で連絡《れんらく》を入《い》れた。

翌日《よくじつ》、なんとか動《うご》けるようになったものの、痛《いた》みが残《のこ》った。

右腕《みぎうで》が痛《いた》い。握《にぎ》れない。病院《びょういん》で診《み》てもらったら、「風邪《かぜ》」です。

「風邪《かぜ》のはずがないだろ!」

ゆんみは怒《おこ》っている。でも、元気《げんき》はない。学校《がっこう》に行《い》けない日《ひ》が一週間《しゅうかん》つづいた。

病院《びょういん》で精密検査《せいみつけんさ》を受《う》けた。MRI《エムアールアイ》、X線検査《エックスせんけんさ》、CT《シーティー》スキャン。いろいろやった。

でも、「どこにも異常《いじょう》はありません」だって。

痛《いた》いんだよ。握《にぎ》れないんだよ。異常《いじょう》ない、なんてことないよ。

ゆんみの声《こえ》はだれにも届《とど》かない。

(日本《にほん》が恋《こい》しい。お父《とう》さん、お母《かあ》さんの顔《かお》が見《み》たい)

ゆんみはそう思《おも》った。ゆんみ七年半《ねんはん》のアメリカ生活《せいかつ》で、初《はじ》めてのホームシック。

まわりに友人《ゆうじん》がなく、親戚《しんせき》もいないのは、ほんとうに寂《さみ》しいもんだね。

ゆんみ、でもわたしがいるよ。このサミーがいるよ。いつでも、ゆんみといっしょだからね。

上司《じょうし》の勧《すす》めでゆんみは日本《にほん》へ帰《かえ》ることにした。

「健康第一《けんこうだいいち》、そしてつぎが仕事《しごと》。まずは健康《けんこう》を取《と》り戻《もど》して、それから仕事《しごと》に戻《もど》っておいで。あしたにでも日本《にほん》へ帰《かえ》ってゆっくり休《やす》んでこい」

「はい、そうします。ご迷惑《めいわく》、ご心配《しんぱい》をおかけしました」

普通《ふつう》なら解雇《かいこ》なのに、健康《けんこう》を取《と》り戻《もど》して、また戻《もど》ってこい、って言《い》われた。ゆんみは、何度《なんど》も、ありがとうございます、って言《い》っていた。

＊エピソード9＊

二年《ねん》ぶりに、日本《にほん》へ帰《かえ》ることになった。

日本《にほん》へはUA《ユーエー》（ユナイデット）航空《こうくう》で、ボストンからDC《ディーシー》に向《む》かい、そこからANA《エーエヌエー》航空《こうくう》で日本《にほん》だ。ボストンからDC《ディーシー》まではひとっ飛《と》び。でも、客室《きゃくしつ》のシートはわたしには狭《せま》い。そうしたら、ビジネスクラスに座《すわ》っていたお客《きゃく》さんが、

「よかったら、わたしの席《せき》をつかってください」

「あ、ありがとうございます！」

ビジネスクラスは通路《つうろ》も、座席間隔《ざせきかんかく》も広《ひろ》いから、ラクチンだ。

DC《ディーシー》からANA《エーエヌエー》航空《こうくう》。ゆんみがカウンターで吠《ほ》えている。

「これでは、サミーにとっては狭《せま》すぎます！」

案内《あんない》されたのは、一番《いちばん》うしろの二席《ふたせき》。でも、座席《ざせき》の間隔《かんかく》が狭《せま》いから、わたしは入《はい》れない。前《まえ》もって「聴導犬《ちょうどうけん》を連《つ》れていますから、ゆとりのある席《せき》をお願《ねが》いします」と予約《よやく》してあったはずなのに。

乗務員《じょうむいん》が、

「席《せき》をかわっていただけるお客《きゃく》さまはいませんでしょうか？」

お願《ねが》いしていたけど、だれもいなかった。

わたしは、通路《つうろ》に伏《ふ》せることになった。さいわい、そこは通常《つうじょう》の通路《つうろ》より広《ひろ》くなっていた。

離陸《りりく》と着陸《ちゃくりく》のときだけ、座席《ざせき》でシートベルトをした。犬《いぬ》が人間用《にんげんよう》のシートでシートベルト？　変《へん》な格好《かっこう》だね。でも、しょうがない。

航空会社《こうくうがいしゃ》はいっぱいあるけど、ずいぶん違《ちが》うもんだね。

座席《ざせき》のスペースが違《ちが》うことよりも、対応《たいおう》が違《ちが》う。

アメリカの航空会社《こうくうがいしゃ》はサービスはあまりよくない。乗務員《じょうむいん》も結構《けっこう》、つっけんどん。でも、わたしの権利《けんり》や立場《たちば》を認《みと》めてくれるし、よく理解《りかい》してくれている。

日本《にほん》の航空会社《こうくうがいしゃ》は乗務員《じょうむいん》の態度《たいど》はていねいだし、サービスもいいけど、でもわたしの立場《たちば》を理解《りかい》してくれていない。

アメリカの航空会社《こうくうがいしゃ》はわたしのために気《き》をつかってくれる。でも、日本《にほん》の航空会社《こうくうがいしゃ》の場合《ばあい》、ゆんみがとても気《き》をつかう。ゆんみは「ごめんなさい」とか「すいません」を、何度《なんど》も言《い》う。

なんで?

アメリカの航空会社《こうくうがいしゃ》だと、乗務員《じょうむいん》が、「こうしましょう、ああしましょう。こうしたらいいかもね」と、いっしょに考《かんが》えてくれるし、実行《じっこう》してくれる。

でも、これからは日本《にほん》での生活《せいかつ》だね。また、アメリカに戻《もど》って来《こ》られるのかなぁ。わたしはただゆんみに付《つ》いていくだけ。

ずっと側《そば》にいてあげる、悲《かな》しいときも、うれしいときもずっとそうだったように。

ずっとアメリカで、ゆんみが独《ひと》りでがんばってきたことは、わたしだけ知《し》っている。死《し》ぬまでゆんみの側《そば》にいる。ゆんみがわたしを必要《ひつよう》としてくれることがわかるから、そしてわたしもゆんみが必要《ひつよう》。

せ、せまぁぁいですゥ。

ゆんみぃ、ここせまいよぉ。

わたしたちは一心同体《いっしんどうたい》だよ。ゆんみがくしゃみすればわたしもくしゃみするし、鼻水《はなみず》が出《で》ればわたしも出《で》る。あまり自分《じぶん》だけで走《はし》らないで。わたしがいるからいっしょに歩《ある》いていこうよ。

もう一度《いちど》ゆんみが生《う》まれた国《くに》、日本《にほん》で始《はじ》めようよ。

ゆんみの両親《りょうしん》の愛《あい》を受《う》けるように、わたしもゆんみへ愛《あい》を注《そそ》ぐから。決《けっ》してゆんみは独《ひと》りじゃないから。ともかく、ゆんみの体《からだ》を治《なお》すことが大切《たいせつ》。一日《いちにち》も早《はや》く元気《げんき》になって、またいっしょに遊《あそ》ぼう。

＊＊＊ 5章《しょう》 ＊＊＊

聴導犬《ちょうどうけん》ってなに？

＊エピソード7＊

二年《ねん》ぶりの日本《にほん》。

帰《かえ》ってきたよ。

ゆんみとわたしがアメリカにいるあいだに、日本《にほん》では「補助犬法《ほじょけんほう》」という法律《ほうりつ》ができた。介助犬《かいじょけん》や盲導犬《もうどうけん》などが電車《でんしゃ》などに乗《の》れるように、あるいは公共《こうきょう》の施設《しせつ》に差別《さべつ》されることなく入《はい》れるようにしたものだ。ところが、わたしはこの法律《ほうりつ》ができる前《まえ》に聴導犬《ちょうどうけん》の認定《にんてい》を受《う》けた。だから、なんだかわからないうちに『暫定犬《ざんていけん》』になったらしい。

『暫定犬《ざんていけん》』って、なに？

日本《にほん》で暮《く》らすことになるかもしれないゆんみは、この先《さき》のことを考《かんが》えて、すぐに暫定解除《ざんていかいじょ》のための試験《しけん》を受《う》けることを決《き》めた。

「すでに合格《ごうかく》している試験《しけん》だから、大丈夫《だいじょうぶ》だよね、サミー」

ゆんみ、ほんとうに大丈夫《だいじょうぶ》？　アメリカでの生活《せいかつ》のほうが長《なが》いんだよ。うまく合格《ごうかく》できるかなぁ。

ゆんみには心配《しんぱい》なことが、ひとつあった。それは、名前《なまえ》の呼《よ》ばれ方《かた》。アメリカではファーストネームだ。しかも、呼《よ》び出《だ》される――ということはほとんどなくて、向《む》こうからやってきた。それがルールだった。でも、日本《にほん》は逆《ぎゃく》。ラストネーム（ファミリーネーム）で呼《よ》ばれ、しかも「呼《よ》び出《だ》される」ので、こちらから、伺《うかが》わなくてはいけない。

認定《にんてい》を受《う》ける前《まえ》に、そういったいろいろなことを、認定者《にんていしゃ》にゆんみは説明《せつめい》した。

「なるほど、確《たし》かにそうですね。ゆんみさんとサミーのそうした立場《たちば》も考慮《こうりょ》しましょう」

試験《しけん》の日《ひ》がやってきた。

これまでやってきたことの復習《ふくしゅう》みたいなものだから、どれも問題《もんだい》なくクリアできた。

呼《よ》び出《だ》しの試験《しけん》。

アメリカではないので、ゆんみの名前《なまえ》がファミリーネームで呼《よ》ばれた。初《はじ》めて聞《き》く名前《なまえ》だ。でも、ゆんみのことを言《い》っているみたいだぞ。ゆんみ、もしかしたら呼《よ》ばれているかもしれないよ。ゆんみを鼻《はな》でつついた。

認定《にんてい》の人《ひと》たちはサミーが環境《かんきょう》によってそういう能力《のうりょく》があるとわかった。

「呼《よ》び出《だ》しの試験《しけん》、合格《ごうかく》です」

つぎは、非常《ひじょう》ベルの試験《しけん》。

でも、このベルはあくまでも訓練のベルなんだよね。ベルがなっても、だれもちっとも緊張《きんちょう》していないし、嘘《うそ》なんだもんね。嘘《うそ》のベルなのに、ゆんみ、大変《たいへん》だよって知《し》らせるわけにはいかないよ。嘘《うそ》なんだもん。

「う~ん、この試験《しけん》はパス」

認定者《にんていしゃ》がそう判断《はんだん》してくれた。

つぎは自転車《じてんしゃ》のベルの音《おと》の試験《しけん》。

うしろから、ゆんみに向《む》かって自転車《じてんしゃ》が走《はし》ってくる。自転車《じてんしゃ》の人《ひと》、ゆんみを避《さ》けないで、なんでチリンチリンってベルを鳴《な》らすんだ。鳴《な》らすくらいなら避《さ》けて、通《とお》れ！　こっちはちゃんと道《みち》を歩《ある》いているんだぞ。なんでわたしとゆんみが避《さ》けないといけないんだ！　耳《みみ》をピクッとも動《うご》かさずに思《おも》いっきり自転車《じてんしゃ》のベルを無視《むし》した。だって、初《はじ》めて聞《き》く音《おと》だもん。

「合格《ごうかく》です」

なんとか条件付《じょうけんつき》で合格《ごうかく》した。認定《にんてい》2号犬《ごうけん》になった。

でもね、ゆんみは怒《おこ》っているんだ。

＊エピソード2＊

決《き》まったという「補助犬法《ほじょけんほう》」のなかにある、聴導犬《ちょうどうけん》の基準《きじゅん》がゆんみにあっていなかった。それは『中途難聴者及《ちゅうとなんちょうしゃおよ》び難聴者《なんちょうしゃ》』が基準《きじゅん》になっていたからだ。

聴導犬《ちょうどうけん》の仕事《しごと》は、「音《おと》を伝《つた》えること」なの？　ほんとうに、そうなの？　ゆんみは、違《ちが》うと思《おも》っている。

「サミーは、伝《つた》えない音《おと》だってあるよね」

うん、あるよ。必要《ひつよう》ないと思《おも》ったら伝《つた》えないし、教《おし》えられていない音《おと》だって、伝《つた》えなくちゃならないことなら、音《おと》が出《で》ようが、出《で》まいが、伝《つた》えるよ。

ゆんみは、生《う》まれてから今《いま》まで、一度《いちど》も「音《おと》」というものを聞《き》いたことがない。だから、聞《き》こえないことの不安《ふあん》はまったくない。聞《き》こえる機能《きのう》があったほうが便《べん》利《り》かもしれない、という程度《ていど》でしかないんだ。

「補助犬法《ほじょけんほう》」の、中途難聴者《ちゅうとなんちょうしゃ》、難聴者《なんちょうしゃ》というのは、音《おと》がどのようなものであるのか知《し》っている。だから、音《おと》がないことを不安《ふあん》に感《かん》じている。

そういった中途難聴者《ちゅうとなんちょうしゃ》や難聴者《なんちょうしゃ》が必要《ひつよう》としているのは、音《おと》を別《べつ》の形《かたち》で伝《つた》えてくれる物《もの》。いうならば、補聴器《ほちょうき》なんだろうな。

聴導犬《ちょうどうけん》は、その代用品《だいようひん》？　でも、ゆんみや聾者《ろうしゃ》に、補聴器《ほちょうき》は必要《ひつよう》ない。代用品《だいようひん》も必要《ひつよう》ない。ゆんみや聾者《ろうしゃ》にとっては、音《おと》がなくても、どう周囲《しゅうい》とコミュニケーションを取《と》るかということが必要《ひつよう》なんだよね。

つまり、心《こころ》のコミュニケーションが必要《ひつよう》。Word《ワード》 to《ツー》 Word《ワード》（言葉《ことば》と言葉《ことば》）じゃなくてHeart《ハーツ》 to《ツー》 Heart《ハーツ》!（心《こころ》と心《こころ》）。

手話《しゅわ》を使《つか》える人《ひと》が増《ふ》えたら、どんなにいいだろう、とゆんみは思《おも》っている。

この世《よ》は聞《き》こえる社会《しゃかい》。聞《き》こえることを前提《ぜんてい》に成《な》り立《た》っている。聾者《ろうしゃ》は、そこからはじき出《だ》された人《ひと》？　そうじゃない。はじき出《だ》されていない。聞《き》こえない聾《ろう》者《しゃ》の声《こえ》を聞《き》こうとしない人《ひと》が多《おお》い社会《しゃかい》なんだ。聞《き》こうと思《おも》えば、いくらでも聞《き》こえるのに……。

聴導犬《ちょうどうけん》や盲導犬《もうどうけん》は、「道具《どうぐ》」じゃない。人間《にんげん》が便利《べんり》につかえる「道具《どうぐ》」なんかじゃない。そのことをわかってほしい。

ゆんみは聞《き》こえない。

あなたは聞《き》こえる。

ゆんみとあなたが、街《まち》で出会《であ》う。そのあいだに、わたし、サミーがいるんだ。

「あ、犬《いぬ》。聴導犬《ちょうどうけん》？　あ、ゆんみさんは聞《き》こえないのですね。では、筆談《ひつだん》しましよう。それとも、ゆっくりしゃべればいいですか？」

手話《しゅわ》ができるといいけど、でも、筆談《ひつだん》でもコミュニケーションは取《と》れる。わたしがいるだけで、相手《あいて》とのコミュニケーションがうまく取《と》れることが多《おお》い。アメリカではとくにそうだった。でも、日本《にほん》ではなかなかそうはいかない。

日本《にほん》では、わたしの立場《たちば》は「もの珍《めずら》しい聴導犬《ちょうどうけん》」だ。そして、ゆんみのことを「かわいそうな人《ひと》」と見《み》ている。

なんでそうなるの？

＊エピソード３＊

アメリカでは障害者《しょうがいしゃ》が街《まち》にたくさんいる。

車《くるま》いすの人《ひと》、盲導犬《もうどうけん》をつれた目《め》の見《み》えない人《ひと》、聴導犬《ちょうどうけん》もいるし、介助犬《かいじょけん》もいる。そして、だれもそういう人《ひと》たちを「かわいそう」だとは思《おも》っていない。自分《じぶん》から進《すす》んで手助《てだす》けもしないし、当《あ》たり前《まえ》のようにみな振《ふ》る舞《ま》っている。

親切《しんせつ》で車《くるま》いすを押《お》したりはしない。親切《しんせつ》で道《みち》を案内《あんない》したりはしない。親切《しんせつ》をしなくても、十分《じゅうぶん》に歩《ある》けるからだ。障害者《しょうがいしゃ》のプライド、自立《じりつ》を認《みと》めている。だから、かわいそうなんて思《おも》う人《ひと》はいない。障害者《しょうがいしゃ》から頼《たの》まれたときだけ、手助《てだす》けする。障害者《しょうがいしゃ》はだから、明《あか》るく社会《しゃかい》に参加《さんか》できる。それぞれの力《ちから》を伸《の》ばし、できないことだけを、お互《たが》いに補《おぎな》い合《あ》う。

あなたは、ダウン症《しょう》の人《ひと》がレストランで働《はたら》いている姿《すがた》を見《み》たことがありますか？

レストランで注文《ちゅうもん》を取《と》ったり、配《くば》ったりしている姿《すがた》を見《み》たことがありますか？

聾者《ろうしゃ》がＧＡＰ《ギャップ》の店《みせ》＊註でお客《きゃく》さんと対応《たいおう》をしている姿《すがた》を見《み》たことはありますか？　お客《きゃく》さんには前《まえ》もって聞《き》こえないことを断《ことわ》っており、だからお客《きゃく》さんは筆談《ひつだん》や身振《みぶ》りで、要望《ようぼう》を聾《ろう》の店員《てんいん》へ、ごくふつうに、当《あ》たり前《まえ》のように伝《つた》える。

下半身《かはんしん》麻痺《まひ》、左腕《ひだりうで》麻痺《まひ》のために車《くるま》いすに乗《の》った人《ひと》が映画館《えいがかん》で切符《きっぷ》売《う》りをしてい

ゆんみ註：ＧＡＰ＝アメリカの大手製造小売りのチェーン店。おもに衣料品を扱っています。日本にも進出しているので、知っている人も多いと思います。

る姿《すがた》を見《み》たことがありますか？　自分《じぶん》の姿《すがた》を隠《かく》すことなく、彼《かれ》らが活《い》かせる場所《ばしょ》を提供《ていきょう》し、社会《しゃかい》もそれを手伝《てつだ》っていた。

日本社会《にほんしゃかい》は障害者《しょうがいしゃ》を腫《は》れものに触《さわ》るように、過保護《かほご》するのはやはり心《こころ》のどこかで蔑《さげす》んでいるだろう。手助《てだす》けをしているといっているが……それがあるから犬《いぬ》に対《たい》してもそうなのだろう。

わたしたち犬《いぬ》に対《たい》しても、アメリカと日本《にほん》とでは違《ちが》う。日本《にほん》では、犬《いぬ》はペットだけど、同時《どうじ》に物扱《ものあつか》い。忠犬《ちゅうけん》であることが重要《じゅうよう》みたいで、なんでも服従《ふくじゅう》だもんね。命令《めいれい》を聞《き》けって、感《かん》じ。散歩《さんぽ》させてやる、という感《かん》じだし、食《た》べ物《もの》は「餌《えさ》」だし、家《いえ》で飼《か》うのは汚《きたな》い、という人《ひと》も多《おお》いし……。家族《かぞく》として扱《あつか》ってもらっていない場合《ばあい》が多《おお》い。

アメリカでは、ペットも家族《かぞく》だった。だから、アメリカでは子《こ》どもたちは、飼《か》い主《ぬし》に断《ことわ》ってから、犬《いぬ》に触《さわ》っていた。勝手《かって》に赤《あか》ちゃんに触《さわ》ったら、親《おや》は怒《おこ》る。それと同《おな》じだよ。そして、犬《いぬ》が触《さわ》られることを嫌《きら》えば、触《さわ》らなかった。嫌《いや》がっているものを無理《むり》やりということはなかった。

わたしはね、ゆんみの家族《かぞく》なの。ゆんみがわたしのママ。だから、わたしに触《さわ》るときは、ゆんみに断《ことわ》ってからにしてちょうだい。

日本《にほん》にきて、びっくりしたのは、いきなり子《こ》どもに触《さわ》られたこと。子《こ》どもだけじゃない大人《おとな》も、いきなり触《さわ》る。

電車《でんしゃ》に乗《の》っていたら、ぜんぜん知《し》らない人《ひと》が、お尻《しり》や頭《あたま》を触《さわ》るんだ。今《いま》は仕事《しごと》中《ちゅう》。ゆんみは「仕事《しごと》していますから、触《さわ》らないでください」と、声《こえ》を出《だ》して説明《せつめい》したが伝《つた》わった様子《ようす》がない。ゆんみの発音《はつおん》が悪《わる》かった？ それともこの人《ひと》も聾《ろう》？

それとも「聞《き》く耳《みみ》」を持《も》たない人《ひと》？

あいかわらず平気《へいき》で触《さわ》ってくるので、わたし、軽《かる》く「ワンっ」って吠《ほ》えました。そしたら、その知《し》らない人《ひと》、ビックリして、そして怖《こわ》い顔《かお》になって、わたしのことにらんだ。聞《き》こえていたんだね。

ある日《ひ》なんかは、知《し》らないおじさんが、「お手《て》、お座《すわ》り」って、わたしに命令《めいれい》する。

わたしは知《し》らんぷり。すると、そのおじさん、

「聴導犬《ちょうどうけん》のくせに、こんなこともできんのか！」

おじさん、キレちゃったよ。

あのう、手話《しゅわ》でやっていただければ、あるいは、リクエストにお応《こた》えできるかもしれません。おじさん、手話《しゅわ》を勉強《べんきょう》してきてね。

＊エピソード4＊

日本《にほん》は、いきなり、ということも多《おお》い。前《まえ》にも書《か》いたけど、ほかの犬《いぬ》が突然《とつぜん》、吠《ほ》えかかる。自転車《じてんしゃ》がいきなり飛《と》び出《だ》してきたりする。

それから、日本《にほん》では、「あぶないから」というセリフが多《おお》い。

聞《き》こえないから、見《み》えないから、歩《ある》けないから……

つまり、あぶないから、あまり外《そと》に出《で》ないように。

（余計《よけい》なお世話《せわ》じゃ）

そんなステレオタイプいっぱい貼《は》り付《つ》けて、それでよくなると思《おも》っているの？って、ゆんみが怒《おこ》っている。

犬《いぬ》も「吠《ほ》えるから」って理由《りゆう》で、つながれたりする。「噛《か》みつくから」というのもある。道《みち》ばたの小川《おがわ》も「危《あぶ》ないから」と柵《さく》をしたり、フタをしてしまう。

危《あぶ》ないって、なあに？

邪魔《じゃま》ってこと？

ゆんみは、そういう日本《にほん》の社会《しゃかい》にわたしが馴染《なじ》めないかもしれないと、心配《しんぱい》している。めったに吠《ほ》えることのなかったわたしが、吠《ほ》える。すると、ゆんみは、「すいません。すいません」と頭《あたま》をさげる。ゆんみは、周囲《しゅうい》にものすごく気《き》をつかっている。わたしのことですごく、気《き》をつかっている。わたしのために、かえって肩身《かたみ》の狭《せま》い思《おも》いをしているかもしれない。アメリカではそんなこと、考《かんが》えられなかった。

なんで？　なんで？　ということが多《おお》いんだ、日本《にほん》は。

「でも、ゆんみは、へこたれないからね。サミー、がんばろうね」

ゆんみがそう言《い》って、わたしを見《み》てくれた。

「ふたりでちょっとずつでもいいから、変《か》えていこうね。サミー」

うん、そうしよう。ゆんみとならきっとがんばれるよ。

＊エピソード5＊

ゆんみは八年《ねん》ぶりに日本社会《にほんしゃかい》に復帰《ふっき》した。もちろんわたしもゆんみといっしょに会社《かいしゃ》へ行《い》ったよ。

入社面接《にゅうしゃめんせつ》のとき、ゆんみはあらかじめわたしのことを話《はな》してあった。外資系《がいしけい》だからなのか、犬《いぬ》に対《たい》しても人《ひと》に対《たい》してもオープンでフレンドリーだった。入社《にゅうしゃ》に際《さい》して、健康診断書《けんこうしんだんしょ》が必要《ひつよう》だったので、ゆんみは小《ちい》さな病院《びょういん》で健康診《けんこうしん》断《だん》を受《う》けた。わたしもついていった。

「どうぞ、お入《はい》りください」

看護士《かんごし》さんに呼《よ》ばれて、ゆんみは診察室《しんさつしつ》に入《はい》った。犬《いぬ》がいっしょだったので、看護士《かんごし》さんもお医者《いしゃ》さんも、目《め》を白黒《しろくろ》させて驚《おどろ》いた。でも、驚《おどろ》いただけで、どうして？　とか、聴導犬《ちょうどうけん》なのね？　とは尋《たず》ねなかった。「どうやって聴導犬《ちょうどうけん》と接《せっ》すればいいですか」って聞《き》いてもらえれば、よかったのに……。診察《しんさつ》とはいえないような診察《しんさつ》で終《お》わっちゃった。ほんとうにこれだけでいいの？

ゆんみも、（あれ？　これだけでいいのかな？）ふしぎな顔《かお》をした。

その診断書《しんだんしょ》を会社《かいしゃ》の人事部《じんじぶ》に渡《わた》したら、案《あん》の定《じょう》、「もう一度《いちど》、健康診断《けんこうしんだん》を受《う》けてください。必要《ひつよう》なことが書《か》かれていません」だって。そして、「サミーは連《つ》れていかないほうがいいでしょう」と言《い》った。なんでだろう。こっちはちっとも悪《わる》くないのに。

結局《けっきょく》、二度《ど》も病院《びょういん》に診察《しんさつ》を受《う》けに行《い》く羽目《はめ》になった。ゆんみは、内心怒《ないしんおこ》っていたけど、「わかりました。今度《こんど》はサミーを連《つ》れていかないようにします」と、相《あい》手《て》がそう言《い》うのなら、と、日本社会《にほんしゃかい》にあわせてゆんみのほうから折《お》れた。

わたしは、久《ひさ》しぶりにお留守番《るすばん》。

あとで聞《き》いたら、最初《さいしょ》に病院《びょういん》に行《い》ったとき、犬《いぬ》は邪魔《じゃま》だったんだって。なんでその場《ば》で言《い》ってくれなかったのかな。まだ、聴導犬《ちょうどうけん》や盲導犬《もうどうけん》などは、日本《にほん》の社会《しゃかい》では認知《にんち》されていないんだな。わからないことは、なんでも聞《き》いてほしい。なにも聞《き》かれなかったことが、ゆんみには悲《かな》しかった。

＊エピソード6＊

ゆんみの入社《にゅうしゃ》が決《き》まった。いざ会社《かいしゃ》へ出勤《しゅっきん》。

おおおおおおおお。日本《にほん》の電車《でんしゃ》は混《こ》んでいるなあ。嫌《いや》だなあ。

わたしはどこで伏《ふ》せをしたらいいの？　ゆんみは一生懸命《いっしょうけんめい》に、わたしのスペースを捜《さが》している。

車両《しゃりょう》のなかで一番空《いちばんす》いているところがあった。そこへ移動《いどう》。

アメリカの電車《でんしゃ》は、座席《ざせき》の下《した》がちょうど、犬《いぬ》が伏《ふ》せをしてもいいくらいのスペースがある。でも、日本《にほん》の電車《でんしゃ》にはそのスペースがない。ゆんみの足《あし》の先《さき》に伏《ふ》せをすると、立《た》っている人《ひと》の邪魔《じゃま》になっちゃう。しっぽを踏《ふ》まれるかもしれない。怖《こわ》いよぉ。

ゆんみは、そんなわたしのストレスを感《かん》じてくれて、なるべく人《ひと》の少《すく》ない車両《しゃりょう》や場所《ばしょ》に移動《いどう》してくれた。

乗《の》り換《か》えの新宿駅《しんじゅくえき》に着《つ》いた。わぁ、ここも人《ひと》がいっぱいだ。いろんなものにぶつかりそうになる。**目《め》が回《まわ》る。**

とくにカバンがあぶない。ちょうどわたしの顔《かお》のあたりだ。気《き》を抜《ぬ》くと、ぶつかる。ゆんみは必死《ひっし》にわたしを守《まも》ってくれた。

怖《こわ》いのは、数日《すうじつ》して慣《な》れた。

それにしても、人《ひと》が多《おお》すぎる。気《き》がついたら、人《ひと》を追《お》い越《こ》す速《はや》さで歩《ある》いていた。ゆんみの歩調《ほちょう》に合《あ》わせなくてはいけないのに、人《ひと》の多《おお》さにビックリしてしまったんだ。ゆんみ、ごめんね。それからは、ゆんみを見《み》て、ゆんみの歩調《ほちょう》に合《あ》わせるようにした。そしたら、安心《あんしん》できた。人《ひと》はいっぱい歩《ある》いているけど、ゆんみの歩《ある》きに合《あ》わせればいいんだよね。

わたしがとくに怖《こわ》いのはね、車《くるま》いす。だってわたしと同《おな》じ高《たか》さで、スーッと近《ちか》寄《よ》ってくる。あるとき、怖《こわ》くてゆんみにジャンプしてしまった。でも、車《くるま》いすは追《お》ってきた。このモンスターめ！　ウウウウッって、うなってもお構《かま》いなしで追《お》ってきた。

うなったり、吠《ほ》えたりする聴導犬《ちょうどうけん》は失格《しっかく》の烙印《らくいん》を押《お》されてしまうから、ゆんみは車《くるま》いすが近《ちか》くにあると、わたしの目《め》に触《ふ》れさせまいと、神経《しんけい》がピリピリしてくる。聴導犬《ちょうどうけん》だって、苦手《にがて》なことや、苦手《にがて》なものがあるんだよ。

＊エピソード７＊

さて、ゆんみは職場《しょくば》に着《つ》いた。ゆんみは、これからデスクで仕事《しごと》だ。そのあいだ、わたしはゆんみのデスクの下《した》で、じっとしている。寝《ね》ていることもある。いびきをかいて……。

でも、ちょっと、ヒマだなぁ。

そこで、職場《しょくば》の人《ひと》が、わたしに仕事《しごと》をくれたんだ。

「ゆんみを呼《よ》ぶときは、サミーを呼《よ》ぼう。そして、サミーがゆんみを呼《よ》ぶこと」

やったぁ、うれしいな。みんなといっしょに仕事《しごと》ができるね。

ゆんみのうしろに座《すわ》っている人《ひと》が、わたしに仕事《しごと》をくれるんだ。くるっとふり返《かえ》ってゆんみの肩《かた》を叩《たた》けばいいんだけど、「サミー、ゆんみを呼《よ》んで」って、言《い》ってくれるんだ。

はいよ！

わたしは、すぐにゆんみを鼻《はな》でつつき、うしろの人《ひと》が呼《よ》んでるよ、って知《し》らせる。デスクの向《む》こう側《がわ》の人《ひと》も、あっちの人《ひと》も、遠《とお》くの人《ひと》も、

「サミー、ゆんみを呼《よ》んで」

はいよ！

寝《ね》ているヒマがないんだよね。仕事《しごと》って疲《つか》れるね。でも、たのしい。ゆんみが体《からだ》をこわしてまで、仕事《しごと》に熱中《ねっちゅう》してしまう気持《きも》ち、わかる。

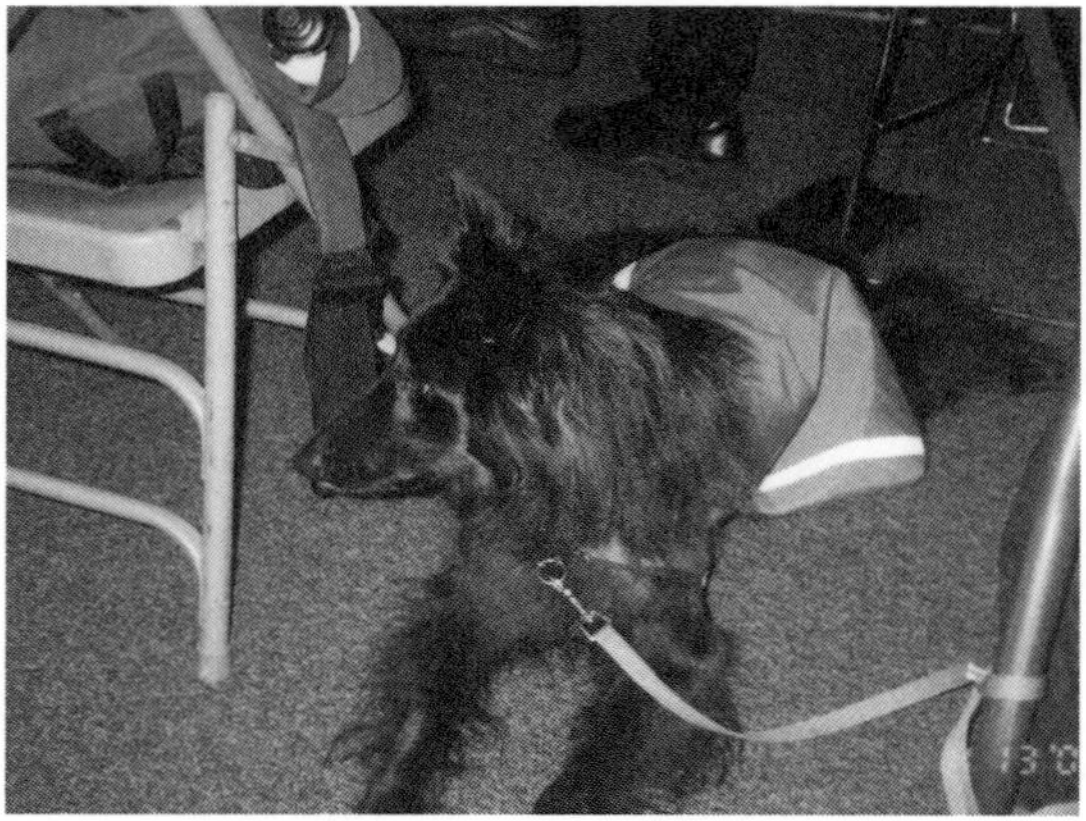

わたし、仕事中《しごとちゅう》です。

*** 6章《しょう》 ***

仲間《なかま》たち

＊エピソード７＊

ゆんみはインターネットの友人《ゆうじん》がいっぱいいる。わたしを通《とお》してね。なんでわたしなのか？　わたしと同《おな》じ種類《しゅるい》のベルジアン・グロネンダールのネットワークなの。わたしに出会《であ》わなければそのネットワークにも入《はい》っていなかったはず。そのネットワークの情報《じょうほう》で、ビッグサイト＊註で犬《いぬ》のアジアインターナショナルが行《おこ》なわれることを知《し》り、ゆんみとわたしは見物《けんぶつ》に行《い》った。

そこにはわたしの従兄弟《いとこ》のサラ、わたしの兄弟《きょうだい》のホークがコンテストに出場《しゅつじょう》していた。ゆんみとわたしは、ホークとサラを応援《おうえん》した。ショーの終了後《しゅうりょうご》、ベル（ベルジアン系《けい》の犬《いぬ》のことを省略《しょうりゃく》して）のオフ会《かい》へと発展《はってん》していった。

オフ会《かい》で、わたしはちょっとした人気者《にんきもの》だったんだよ。

ゆんみは自分《じぶん》のＨＰ《ホームページ》で、わたしのことをピーアールしていたからね。しかも、日本《にほん》にいる唯一《ゆいいつ》の聴導犬《ちょうどうけん》グロネンダールだから。わたしが聴導犬《ちょうどうけん》ケープを着《つ》けるとすぐみんなから、

k-nine《ケーナイン》 Family《ファミリー》 集合《しゅうごう》！

ゆんみ註：東京有明にある国際展示場。アジアインターナショナルドッグショーは毎年四月ごろ開催されます。

ここが大阪《おおさか》やでぇ。

「サミーちゃんだ！」

いつの間《ま》にか人《ひと》が集《あつ》まったんだ。そして、それぞれが犬《いぬ》の自己紹介《じこしょうかい》から始《はじ》まった。人《ひと》の紹介《しょうかい》よりも、まず犬《いぬ》の紹介《しょうかい》から始《はじ》めるのが、ここでは当《あ》たり前《まえ》って感《かん》じだね。

「この子《こ》がサミーだってことは……あなたが、ゆんみさんですね」

みんなはゆんみが聾《ろう》であることを知《し》っていたから、ゆっくりしゃべってあげたり、携帯電話《けいたいでんわ》を使《つか》って話《はな》していた（メール機能《きのう》があるからね）。

みんな、ゆんみのこと知《し》っていてやさしくしている。それを見《み》るとわたしはうれしいよ。そのグロ（グロネンダールの省略《しょうりゃく》）は、親《おや》が兄弟同士《きょうだいどうし》だったり、祖父《そふ》母《ぼ》、曾祖父《そうそふ》が共通《きょうつう》だったりした。だからだろうか、初《はじ》めて会《あ》う飼《か》い主《ぬし》さんたちも多《おお》いのに、なぜだか親戚同士《しんせきどうし》と思《おも》えるくらい仲《なか》がよかった。

＊エピソード2＊

ゆんみは、大阪《おおさか》へ行《い》くことになった。

わたしと同《おな》じ、グロネンダールの飼《か》い主《ぬし》さんのところへ、遊《あそ》びに行《い》くんだ。わたしの従兄弟《いとこ》にあたるサラ（ビッグサイトで応援《おうえん》した、あのサラです）を飼《か》っている人《ひと》なんだ。グロを飼《か》っている人《ひと》は、まだ日本《にほん》では珍《めずら》しい。グロの聴導犬《ちょうどうけん》はわたしひとり。

「ゆんみさん、サミーといっしょに、大阪《おおさか》に遊《あそ》びにいらっしゃい。グロの仲間《なかま》も大勢《おおぜい》いるし」

「はい、行《い》きます」

新幹線《しんかんせん》で行《い》くことになった。

四谷駅《よつやえき》で、大阪行《おおさかい》きの新幹線《しんかんせん》の切符《きっぷ》を購入《こうにゅう》することにした。

「大阪《おおさか》まで。聴導犬《ちょうどうけん》といっしょなのですが……」

「はい、かしこまりました」

希望《きぼう》の出発時刻《しゅっぱつじこく》と、行《い》き先《さき》を書《か》いた紙《かみ》を係《かか》りの人《ひと》に渡《わた》した。

待《ま》つこと、しばし……。
待《ま》つこと、しばし……。
いつまで、待《ま》たせるんじゃい！
申《もう》し込《こ》んでから、かれこれ一時間《じかん》がたっている。
「どうしたんですか？　なにか、不都合《ふつごう》なことでもあるんですか？」
「すいません。もうしばらくお待《ま》ちください。車両《しゃりょう》の確認《かくにん》をしていますので」
確認《かくにん》？　なんだろう。ゆんみとわたしは、特別《とくべつ》な存在《そんざい》なの？
しばらくして、切符《きっぷ》ができた。新幹線《しんかんせん》に乗《の》るのは十年《じゅうねん》ぶりのゆんみ。
（十年前《じゅうねんまえ》の切符《きっぷ》とぜんぜん違《ちが》うぞ。十年《じゅうねん》たつと、こんなに変《か》わっちゃうの）
いいじゃないの。その切符《きっぷ》で新幹線《しんかんせん》に乗《の》れるんだから。
ふしぎな顔《かお》をしているゆんみでした。
さて、大阪《おおさか》に行《い》く日《ひ》だ。
東京駅《とうきょうえき》。

でっかい！　人《ひと》も多《おお》い。

改札口《かいさつぐち》で切符《きっぷ》を見《み》せる。

「同伴《どうはん》は必要《ひつよう》ですか？」

「大丈夫《だいじょうぶ》、同伴《どうはん》は必要《ひつよう》ありません」

ホームにあがる。

車両《しゃりょう》に乗《の》り込《こ》んだ。

座席番号《ざせきばんごう》が書《か》いてある。切符《きっぷ》とにらめっこしながら、ゆんみが切符《きっぷ》の座席番号《ざせきばんごう》を捜《さが》している。

ない！　切符《きっぷ》の座席番号《ざせきばんごう》がない！

間違《まちが》っているのか！

「すいません。この座席番号《ざせきばんごう》はどこですか？」

車掌《しゃしょう》さんを見《み》つけて、ゆんみが尋《たず》ねた。

「どれどれ。ああ、この番号《ばんごう》ですね。こちらですよ」

車両《しゃりょう》のうしろに、ドアのある個室《こしつ》があった。車掌《しゃしょう》さんは、腰《こし》から鍵《かぎ》を取《と》りだして、開《あ》けた。

「ここが、その番号《ばんごう》です」

だって、ここは個室《こしつ》だよ。身体障害者用《しんたいしょうがいしゃよう》・特別室《とくべつしつ》って書《か》いてあるよ。

車《くるま》いすが入《はい》れる広《ひろ》いスペース。ゆったり、のんびりできる。

「ここをお使《つか》いください。大阪《おおさか》に着《つ》きましたら、お知《し》らせしますね。それから、できるだけ鍵《かぎ》をかけたほうがいいと思《おも》います。ときどき、無断《むだん》で入《はい》ってくる人《ひと》がいますので」

「はい、そうします」

「こんな部屋《へや》があるんだね。ここならゆっくりできる。サミーがしっぽを踏《ふ》まれることもないし。よかったね」

ほんと、ほんと。よかった、よかった。

毎回《まいかい》、しっぽを踏《ふ》まれるたびに、しっぽの毛《け》が抜《ぬ》けるんだよ。

いままでゆんみは必死《ひっし》にわたしのしっぽが踏《ふ》まれないように、わたしのしっぽをゆんみの足《あし》でかばうように囲《かこ》んだり、しっぽを内側《うちがわ》にしたりしていた。

やがて、新幹線《しんかんせん》は動《うご》き出《だ》した。

大阪《おおさか》に着《つ》いた。

車掌《しゃしょう》さんが約束《やくそく》どおり、知《し》らせに来《き》てくれた。そして、ホームまで案内《あんない》してくれた。なんと親切《しんせつ》なこと。改札《かいさつ》まで案内《あんない》するつもりだったみたいだけど、ホームでゆんみを待《ま》っている人《ひと》がいた。だから、車掌《しゃしょう》さんとはホームでお別《わか》れ。ありがとう。

＊エピソード３＊

ホームで待《ま》っていたのは、わたしとゆんみを招待《しょうたい》してくれた人《ひと》（サラの飼《か》い主《ぬし》／女性《じょせい》）。ほかにもフラットコーテットレトリバーを飼《か》っている人《ひと》（ネオという名《な》、飼《か》い主《ぬし》は男性《だんせい》）がひとりいた。この二人《ふたり》には、すでに東京《とうきょう》で行《おこ》なわれた「アジアインターナショナル」で会《あ》っている。

東京《とうきょう》で一回《かい》しか会《あ》ったことがないけど、なんだか、なつかしい。

わたしは、うれしくて飛《と》びついちゃった。聴導犬《ちょうどうけん》、失格《しっかく》だなぁ、これじゃ。

それから、もうひとつうれしかったのは、迎《むか》えてくれた二人《ふたり》が、手話《しゅわ》を覚《おぼ》えてくれたこと。手話《しゅわ》でゆんみに話《はな》しかけてくれたんだ。

ひやぁ〜、うれしい。

ゆんみは、うれしがって、早回《はやまわ》しの映画《えいが》みたいに手《て》を動《うご》かした。

二人《ふたり》は、半分《はんぶん》うなずき、半分《はんぶん》?・?・? って顔《かお》している。

ゆんみ、そんな早回《はやまわ》しの映画《えいが》じゃ、相手《あいて》は理解《りかい》できないよ。

(だって、うれしいんだもん)

二人《ふたり》は、インターネットをつかって、手話《しゅわ》を覚《おぼ》えたそうです。

ぎこちない手話《しゅわ》が、ほんとうに、うれしかったです。

わたしの初大阪上陸《はつおおさかじょうりく》! そして、聴導犬《ちょうどうけん》サミーとして大阪《おおさか》を歩《ある》く! ネオ父《ちち》の車《くるま》のなかで、サラとネオが待《ま》っていた。ネオは初《はじ》めましてだね。

「お腹《なか》がすいたでしょ」

「はい、すきました！」

「いい、ドッグカフェ（正確《せいかく》にドッグカフェではないが、犬《いぬ》と同伴ＯＫ《どうはんオーケー》）があるの。美味《おい》しいから行《い》こうね」

『アエレカフェ』

っていうお店《みせ》。ドッグランもある、オープンスペースで雰囲気《ふんいき》のいい店《みせ》。

お店《みせ》に入《はい》ると、店長《てんちょう》の伊藤《いとう》さんにサラママがゆんみは聾《ろう》で、わたしのことを聴《ちょう》導犬《どうけん》だよって紹介《しょうかい》した。

なんと、手話《しゅわ》！

ゆんみは、失神《しっしん》するくらいうれしかったみたい。

今度《こんど》は、早回《はやまわ》しの映画《えいが》でも、ＯＫ《オーケー》だ。ゆんみは、機関銃《きかんじゅう》のように話《はな》した。

伊藤《いとう》さんもがんばって旧機関銃《きゅうきかんじゅう》みたいに応戦《おうせん》した。

両側《りょうがわ》のサラママとネオ父《ちち》も、参戦《さんせん》した。

お店《みせ》はにぎやかになった。でも、伊藤《いとう》さん、そんなに話《はな》し込《こ》んで、お店《みせ》は大丈夫《だいじょうぶ》?

伊藤《いとう》さんはいろいろやっていて、ゆんみに似《に》ている。クラリネットとか料理《りょうり》とか旅行《りょこう》とかの話《はなし》で、ものすごく盛《も》り上《あ》がった。

ゆんみはいつも、(日本《にほん》は、このままじゃいけない)って、怒《おこ》っていたけど、(いい人《ひと》も、いっぱいいいるじゃん。こういう人《ひと》の輪《わ》を広《ひろ》げていけばいいんだ)

納得《なっとく》して、ニコニコしていた。

なんだか、ゆんみがたのしそう。久《ひさ》しぶりに見《み》たゆんみの笑顔《えがお》。

伊藤《いとう》さんとのおしゃべりはつきなかった。

つぎは、大阪《おおさか》にある「アメリカ村《むら》」。なに、それ?

つぎに、神社《じんじゃ》へ。

ゆんみは、厄年《やくどし》。しかも本厄《ほんやく》。お払《はら》いが必要《ひつよう》かも。

日本《にほん》で初《はじ》めて入《はい》ったカフェです。

神社《じんじゃ》に入《はい》ると、普段着《ふだんぎ》の宮司《ぐうじ》さんがニコニコして、現《あらわ》れた。

「やあ、ゆんみさん」

妙《みょう》に、なれなれしいぞ。

「いつも、ネットでお話《はな》しさせてもらっている、ひろですよ」

「え、えええええ！」

ゆんみが、目《め》を丸《まる》くした。

そう、その宮司《ぐうじ》さんはゆんみのグロネットワークで、ときどき話《はな》していた相手《あいて》だったんだ。しかも、グロの飼《か》い主《ぬし》さん。いろいろな人《ひと》がいるんだなあ。

「これは、ゆんみさんへ。これはサミーちゃんへ」

宮司《ぐうじ》さんの奥《おく》さんが、おみやげをくれた。なんてやさしいんだろう。初対面《しょたいめん》なのに、そんな気《き》がしない。

つぎは、道頓堀《どうとんぼり》。

かに道楽《どうらく》やグリコの看板《かんばん》、へんてこなおじさんの人形《にんぎょう》。

わたしは姉《あね》さんになって、サラシをまいています！

ネオ父《ちち》が、デジカメでみんなを撮《と》ってくれた。

グロが何頭《なんとう》もかたまって歩《ある》いているから、街《まち》ゆく人《ひと》が振《ふ》り返《かえ》った。

大阪《おおさか》は、活気《かっき》がある。でも、変《へん》なところもいっぱい。これが大阪《おおさか》か。

翌日《よくじつ》からは、ドッグショー。

サラママとネオ父《ちち》がハンドラーとして出《で》ている。

ゆんみとわたしは、応援《おうえん》だ。

「サミー、よく見《み》ておくんだよ。将来《しょうらい》、サミーも出《で》るかもしれないんだから」

え？　ドッグショー。関心《かんしん》ないよ。

ショードッグは大変《たいへん》なんだよ。朝早《あさはや》く起《お》きて会場《かいじょう》へ行《い》って場所取《ばしょと》り！　そしてテントなどを張《は》りながらセッティングするの。

わたしは聴導犬《ちょうどうけん》の仕事《しごと》が一番《いちばん》いい。だって、ゆんみといつもいっしょにいられるもん。電車《でんしゃ》にもバスにもいっしょに乗《の》れる。ドッグショーで名誉《めいよ》をもらっても、ゆんみといつでも公共《こうきょう》の場《ば》へ行《い》けないいんじゃん。名誉《めいよ》はいらないよ。ゆんみといっしょが一番《いちばん》。

サラママがサラママのハンドラーの先生《せんせい》を紹介《しょうかい》してくれた。

糸井《いとい》先生《せんせい》。わたしの体《からだ》を触《さわ》って太鼓判《たいこばん》を押《お》してくれた。

「健康《けんこう》そのもの。ドッグショーも大丈夫《だいじょうぶ》でしょう」

だからゆんみは一度《いちど》でもいいから、わたしをドッグショーにデビューさせたいらしい。アジリティでは、いろいろなことをさせるゆんみだけど、わたしが嫌《いや》だといえば止《や》めさせてくれる。

ゆんみはわたしの可能性《かのうせい》をいろいろ試《ため》しているみたい。聴導犬《ちょうどうけん》という仕事《しごと》だけでいいのに。ゆんみは大《おお》きな望《のぞ》みがある。わたしをスター犬《けん》にしたいんだって。

どこにもいる母親《ははおや》と同《おな》じだな。

サラママとネオ父《ちち》はわたしのために片《かた》っ端《ぱし》から関西《かんさい》のグロ仲間《なかま》に電話《でんわ》しまくってわたしに会《あ》わさせてくれた。

たのしかった大阪滞在《おおさかたいざい》も、最終日《さいしゅうび》。

さて、いよいよ大阪《おおさか》を離《はな》れる。

いろいろな人《ひと》に会《あ》えてよかった。友《とも》だちも増《ふ》えた。思《おも》い出《で》もできた。

大阪《おおさか》の新幹線《しんかんせん》ホーム。

サラママとネオ父《ちち》が見送《みおく》りにホームまできてくれた。

サラママが車掌《しゃしょう》さんを見《み》つけて、一生懸命《いっしょうけんめい》に覚《おぼ》えた手話《しゅわ》でゆんみを通訳《つうやく》してあげていた。うれしいな。たったの四日《よっか》だったけど、そのあいだにゆんみが使《つか》った手話《しゅわ》を見《み》て、覚《おぼ》えてくれた。最初《さいしょ》にくらべると驚《おどろ》くくらい手話《しゅわ》が上手《じょうず》になった。

ゆんみは、胸《むね》が熱《あつ》くなった。

わたしも手話《しゅわ》をしている人《ひと》を見《み》ると、

（ゆんみと同《おな》じだ）と思《おも》える。だから、うれしくなる。

新幹線《しんかんせん》は、ホームを離《はな》れた。窓《まど》の向《む》こうで、サラママと、ネオ父《ちち》が手《て》を振《ふ》ってくれている。ゆんみも、手《て》を振《ふ》った。

みんなが見《み》えなくなってから、ゆんみは、泣《な》いた。

*** 7章《しょう》 ***

社会《しゃかい》を変《か》えたい

＊エピソード７＊

わたしは四歳《さい》になった。

「サミー、那須《なす》に行《い》こうか」

那須《なす》？　なに、それ。

「それに、サミーのおかあさんや、おばあちゃんにも会《あ》えるよ」

車《くるま》で行《い》く。

山《やま》がある。木《き》がいっぱい生《は》えている。

そこは、グロのブリーダーをしているアニーさんの家《いえ》。広《ひろ》い敷地《しきち》と、広《ひろ》い家《いえ》。

アニーさんと、旦那《だんな》さんが、出迎《でむか》えてくれた。

グロのブリーダーなのに、猫《ねこ》もいっぱいいる。わたしを見《み》ても、猫《ねこ》たちはぜんぜん驚《おどろ》かない。のんびりしている。この猫《ねこ》たちはたくさんの犬《いぬ》に囲《かこ》まれた生活《せいかつ》をしているから犬《いぬ》に慣《な》れていた。そういう反応《はんのう》を見《み》せられると追《お》いかける気持《きも》ちが失《う》せる。いつものようにクンクンと部屋《へや》を嗅《か》ぎまわった。

階段《かいだん》がある。

のぼった。小《ちい》さいころは階段《かいだん》が怖《こわ》くて、嫌《きら》いだったけど、いまは平気《へいき》。どんどんのぼっていく。しかもその階段《かいだん》は素通《すどお》しになっていて、板《いた》が上下《じょうげ》に重《かさ》なっているだけの階段《かいだん》なんだ。どんどんのぼるわたしの姿《すがた》に、おじさんが、驚《おどろ》いた。たいていの犬《いぬ》は素通《すどお》しの階段《かいだん》を怖《こわ》がって、上《あ》がらないものだそうです。

やっぱりいた。ちっこいグロたち。

生《う》まれて一カ月《げつ》。いたずらばかりしかけてくる。

ゆんみは感動《かんどう》していた。ゆんみがわたしと出会《であ》ったときは二カ月目《げつめ》で耳《みみ》が立《た》っていた。

この子犬《こいぬ》たちは耳《みみ》が垂《た》れて、ぬいぐるみみたいに毛《け》がふさふさ。

アニーさんが、ケージから八匹《ぴき》の子犬《こいぬ》を出《だ》した。

子犬《こいぬ》たちがにおいを嗅《か》ぎつけて、わたしの足元《あしもと》にやってきた。遊《あそ》ぼうって言《い》っている。と、一匹《ぴき》がわたしのしっぽに噛《か》みついた。つづいて、足《あし》にも噛《か》みついた。

子犬《こいぬ》の歯《は》は細《ほそ》くてとがっている。しかも手加減《てかげん》を知《し》らないから、愛情《あいじょう》たっぷりに力一杯《ちからいっぱい》噛《か》む。

痛《いた》い！

わーい、遊《あそ》んでくれたよ。

来《く》るな！

逃《に》げるわたしを見《み》て、子犬《こいぬ》たちがよろこんで、追《お》っかけてくる。

ほんとうはカブって、バシって威嚇《いかく》したいけどできないよ。相手《あいて》はPuppy《パピー》(子犬《こいぬ》)だから。ゆんみやアニーさんが笑《わら》っている。

わたしは困《こま》るんです。こういうのは。

逃《に》げまくった。

翌日《よくじつ》、敷地内《しきちない》のドッグランで走《はし》る。

わたしの実母《じつぼ》のアーチと会《あ》う。姉妹《しまい》のヴィクにも会《あ》う。

アーチはわたしのことを覚《おぼ》えていた。生後《せいご》二カ月《げつ》で離《はな》れた親子《おやこ》なのに、覚《おぼ》えている。ゆんみは、感動《かんどう》していた。

アーチはわたしのお母《かあ》さんだから、絶対服従《ぜったいふくじゅう》の関係《かんけい》なんだよね。頭《あたま》があがらない。でも、アーチはわたしのことをちゃんと守《まも》ってくれる。ハスキー犬《けん》がわたしにちょっかいを出《だ》そうとしたら、追《お》い払《はら》ってくれた。

でも、そのアーチも、アーチのお母《かあ》さん、つまりわたしの祖母《そぼ》のメリーがくると、上下関係《じょうげかんけい》は二番目《ばんめ》になる。メリーが一番《いちばん》なんだよね。おばあちゃんのメリーはわたしに、とってもやさしい。でもアーチにはけっこう厳《きび》しい。孫《まご》がかわいくてしかたがない人間《にんげん》のおばあちゃんと同《おな》じだ。

メリーおばあちゃんも、アーチも、そしてヴィクも、みんな口《くち》のまわりが白《しろ》い。遺伝《いでん》なんだね。

ちなみに、メリーはベルギー生《う》まれ、アーチは日本生《にほんう》まれ。おじいさんは？　もうすでに亡《な》くなっているんだよ。お父《とう》さんは？　アメリカにいるよ。

最後《さいご》に家族《かぞく》三代《だい》アマゾネス集合写真《しゅうごうしゃしん》を撮《と》った。

わたしの直系家族《ちょっけいかぞく》だよ　K-nine《ケーナイン》 Familly《ファミリー》

＊エピソード2＊

最近《さいきん》、ゆんみへの講演依頼《こうえんいらい》が多《おお》い。

あちらこちらで、ゆんみ講演《こうえん》し、聴導犬《ちょうどうけん》のピーアールにつとめている。

でも聴導犬《ちょうどうけん》の普及《ふきゅう》やそのほかの補助犬《ほじょけん》の普及《ふきゅう》も大切《たいせつ》だけど、犬《いぬ》と人《ひと》とのかかわりをもっと豊《ゆた》かにしなくてはいけないと、ゆんみは思《おも》っている。

犬《いぬ》を、道具《どうぐ》や単《たん》に役立《やくだ》つ生《い》きもの程度《ていど》にしか見《み》ていない人《ひと》が多《おお》い。

犬《いぬ》は人《ひと》の心《こころ》がわかる。気持《きも》ちを理解《りかい》できる。人間《にんげん》と悲《かな》しみやよろびを分《わ》かち合《あ》える。そういう存在《そんざい》。だから、つき合《あ》い方《かた》にきちんとしたルールが必要《ひつよう》。

もっと、犬《いぬ》とどう付《つ》き合《あ》ったらいいのかを、社会全体《しゃかいぜんたい》で考《かんが》える必要《ひつよう》があるんじゃないか、とゆんみは思《おも》っている。

犬《いぬ》というものがどういうものか、どんな気持《きも》ちで人間《にんげん》を見《み》ているのか、そういうことを知《し》った上《うえ》で、聴導犬《ちょうどうけん》や盲導犬《もうどうけん》の気持《きも》ちを考《かんが》えてほしい、とゆんみは願《ねが》っている。犬《いぬ》を理解《りかい》しないで、聴導犬《ちょうどうけん》は理解《りかい》できない。

わたしがどういう気持《きも》ちで、ゆんみといっしょに歩《ある》いているか、わかりますか？

日本《にほん》では、ジロジロ見《み》られます。よくも悪《わる》くも、人《ひと》の目《め》がいっぱいです。右《みぎ》を見《み》ても、左《ひだり》を見《み》ても、いつもだれかがわたしのことを見《み》ている。電車《でんしゃ》のなかでは、みんなが見《み》ている。そして、無遠慮《ぶえんりょ》に触《さわ》ってくる。これ、ものすごく怖《こわ》いんです。

だから、知《し》らんぷりしてもらうのが一番《いちばん》。特別《とくべつ》な目《め》で見《み》てほしくない。

そうすれば、聴導犬《ちょうどうけん》やほかの補助犬《ほじょけん》は、気持《きも》ちよく社会《しゃかい》の一員《いちいん》として働《はたら》けると思《おも》う。

いつか、そういう社会《しゃかい》がきてほしいし、ゆんみといっしょに、つくっていこうと考《かんが》えている。

＊エピソード３＊

「サミー、ハワイへ行《い》くぞ」

ゆんみが張《は》り切《き》っている。

ハワイ？

南《みなみ》の島《しま》。暖《あたた》かいところだよ。でも、犬《いぬ》のわたしには暑《あつ》いところは苦手《にがて》。涼《すず》しいところがいいよぉ。

「やかましいぃ。そんなわがまま言《い》うと、置《お》いていくぞ」

ハイハイ、わかりました。お供《とも》いたしましょう。

出発《しゅっぱつ》は八月《がつ》なのに、ゆんみは四月《がつ》から準備《じゅんび》を始《はじ》めた。ハワイもアメリカなのだが、島《しま》なので、検疫《けんえき》が本土入国《ほんどにゅうこく》にくらべて、格段《かくだん》に厳《きび》しいのだ。

アメリカ本土《ほんど》なら、健康診断書《けんこうしんだんしょ》と狂犬病予防注射《きょうけんびょうよぼうちゅうしゃ》の証明書《しょうめいしょ》があれば、すんなり入国《にゅうこく》できた。でもハワイでは数年前《すうねんまえ》までは、補助犬《ほじょけん》であってもすべての動物《どうぶつ》は、数週間《すうしゅうかん》、検疫所《けんえきしょ》ですごしたあとに、ようやく入国《にゅうこく》することができた。

数週間《すうしゅうかん》だよ。観光旅行《かんこうりょこう》なら、もう帰《かえ》っちゃうよ。

こうした事情《じじょう》から、過去《かこ》、聴導犬《ちょうどうけん》や盲導犬《もうどうけん》といっしょにハワイを訪《おとず》れるのを断《だん》念《ねん》した人《ひと》が大勢《おおぜい》いた。

ゆんみもそうした厳《きび》しい事情《じじょう》を事前《じぜん》に知《し》っていたから、早《はや》めに行動《こうどう》を起《お》こしたわけだ。

「なんとしても、サミーをハワイに連《つ》れていくからね」

意地《いじ》になっている。ハワイの入国管理《にゅうこくかんり》システムと戦《たたか》う気《き》でいる。

ゆんみはネットで、敵情《てきじょう》を視察《しさつ》した。

その結果《けっか》、数年前《すうねんまえ》にかなり、規制《きせい》が緩和《かんわ》されたことがわかった。

さっそく、ゆんみはハワイの検疫所《けんえきしょ》にメールを打《う》った。

「聴導犬《ちょうどうけん》を連《つ》れて、貴国《きこく》に入国《にゅうこく》したい。ついては、必要《ひつよう》な手続《てつづ》きをお知《し》らせいただきたい」

返事《へんじ》が来《き》た。

「数年前《すうねんまえ》の法規改正《ほうきかいせい》で、補助犬《ほじょけん》は検疫期間《けんえききかん》なしで使用者《しようしゃ》といっしょに入国可能《にゅうこくかのう》。ついては、下記《かき》の書類《しょるい》が必要《ひつよう》です」

１／３カ月以上《げついじょう》の間隔《かんかく》をあけて、狂犬病《きょうけんびょう》ワクチンを最低《さいてい》2回以上接種《かいいじょうせっしゅ》している。

２／ＡＶＩＤ《エーブイアイディー》のスキャナーで読《よ》み取《と》れるマイクロチップを体内《たいない》に入《い》れている。

３／到着《とうちゃく》の１８カ月以内《げつ いない》１２０日以上前《にちいじょうまえ》に、アメリカ・カンザス州《しゅう》の研究所《けんきゅうしょ》で狂《きょう》犬病《けんびょう》の血液検査《けつえきけんさ》（ＯＩＥ《オーアイイー》／ＦＡＶＮ《エフエーブイエヌ》　ＴＥＳＴ《テスト》）を受《う》け、規定数値《きていすうち》をクリアしている。

４／到着《とうちゃく》の１８０日以内《にち いない》に混合《こんごう》ワクチンを接種《せっしゅ》している。

５／獣医師《じゅういし》からの健康診断書《けんこうしんだんしょ》。

６／聴導犬《ちょうどうけん》であることの証明書《しょうめいしょ》。

７／聾《ろう》であることの医者《いしゃ》からの署名付《しょめいつ》きの証書《しょうしょ》。

８／出発当日《しゅっぱつとうじつ》、日本《にほん》の空港検疫《くうこうけんえき》で健康診断《けんこうしんだん》を受《う》け、必《かなら》ず『輸出検疫証明書《ゆしゅつけんえきしょうめいしょ》』の発《はっ》行《こう》を受《う》けること。

いっぱいある。これでは、やっぱり準備《じゅんび》に数《すう》カ月《げつ》かかる。

日本《にほん》でできることもあるけど、アメリカの機材《きざい》が必要《ひつよう》だったり、アメリカでないと検査《けんさ》や許可《きょか》がおりないものもある。証明書《しょうめいしょ》の様式《ようしき》も、ハワイの検疫所《けんえきしょ》仕様《しよう》のものもある。

ゆんみは、必要事項《ひつようじこう》を記入《きにゅう》し、さっそくファックスでハワイへ送《おく》った。

ところが、なかなか返事《へんじ》が来《こ》ない。ゆんみはいらだった。八月《がつ》にはハワイに行《い》くのだ。時間《じかん》がない。とくに、項目《こうもく》の３があぶない。

さいわい、ゆんみの会社《かいしゃ》にはドイツ語《ご》、英語《えいご》に堪能《たんのう》な友人《ゆうじん》がいた。犬《いぬ》のこともくわしくて、ゆんみとは大《だい》の仲良《なかよ》しだ。彼女《かのじょ》に直接《ちょくせつ》、ハワイに電話《でんわ》してもらった。

最初《さいしょ》は電話《でんわ》の対応《たいおう》が悪《わる》かったけどゆんみは知《し》っていた。それがアメリカなのだ。あきらめないでもう一度《いちど》かけてと彼女《かのじょ》に頼《たの》んで、もう一度《いちど》かけなおしたら対応《たいおう》の鈍《にぶ》かった検疫所《けんえきしょ》がスムーズに対応《たいおう》してくれた。すでに、ゆんみがファックスで送《おく》ってあった検疫所宛《けんえきしょあて》の質問《しつもん》や問《と》い合《あ》わせについても確認《かくにん》できた。

要項の3は、血清を直接、アメリカのカンザス州へ送らなければならない。血清を入れる容器も必要だ。

要項の2は、マイクロチップ。日本の獣医さんでも扱っているが、調べると、ハワイの求めているAVIDスキャナーとは規格が違う。直接、アメリカから輸入するしかない。それならばと、ゆんみはハワイの友人にメールを送り、ハワイで買ってもらい、送ってくれるように手配した。

そのマイクロチップが届くと、すぐゆんみは獣医さんへわたしを連れていった。

マイクロチップは思いのほか注射の穴が大きかった。

獣医さんは、

「これはちょっと大きいなあ、じゃあ局所麻酔を打ったほうがいいな」

でもその麻酔は効かなかったよ。マイクロチップが入っていた注射を打たれたとき痛かったよ。それを打って三〇分後、うしろ右足から血を採取した。それだけでわたしはげっそりだよ。

205

ゆんみはこれで終《お》わりだからと、よくがんばったね、とほめてくれた。
これでいっしょにハワイへ行《い》けるよ、とカン高《だか》い声《こえ》でわたしに言《い》った。
そして血清《けっせい》をカンザスへ送《おく》った。
ところが、ハワイの検疫所《けんえきしょ》から、こんなメールが来《き》た。

@@@@

狂犬病《きょうけんびょう》の血液検査《けつえきけんさ》（ＯＩＥ《オーアイイー》／ＦＡＶＮ《エフエーブイエヌ》　ＴＥＳＴ《テスト》）について一番最後《いちばんさいご》の狂犬病《きょうけんびょう》ワクチン接種《せっしゅ》から最低《さいてい》２週間《しゅうかん》～３週間《しゅうかん》あけてＴＥＳＴ《テスト》を受《う》けてください。ペットの血清《けっせい》を指定《してい》の研究所《けんきゅうしょ》（アメリカ・カンザス州《しゅう》）まで空輸《くうゆ》し、狂犬病免疫力《きょうけんびょうめんえきりょく》の検査《けんさ》を受《う》けます。血清《けっせい》がカンザスに到着《とうちゃく》した日《ひ》からハワイ到着《とうちゃく》予定日《よていび》まで、最低《さいてい》１２０日間《にちかん》あけなくてはなりません。その前《まえ》にハワイに到着《とうちゃく》してしまうと３０日《にち》、もしくは１２０日検疫《にちけんえき》になってしまいます。

@@@@

しかし、すでにそのときは七月《がつ》。どうにもならない。
ゆんみは、怒《おこ》った。当然《とうぜん》だよ。
さっそく、返事《へんじ》をハワイへ出《だ》した。

@@@@
当方《とうほう》に、落《お》ち度《ど》はない。すでに数《すう》カ月前《げつまえ》からファックス・メールにて何度《なんど》も問《と》い合《あ》わせをしているにもかかわらず、返事《へんじ》をいただけなかった。
必要《ひつよう》な120日《にち》の間隔《かんかく》がなくなってしまったのは、当方《とうほう》の責任《せきにん》ではない。
@@@@

すると、返事《へんじ》があった。

@@@@

マイクロチップが打《う》たれてあること。そして、カンザスに血清《けっせい》を送《おく》ったという証《しょう》明《めい》があれば、聴導犬《ちょうどうけん》サミーの入国《にゅうこく》を許可《きょか》します。

@@@@

腹《はら》は立《た》ったけど、一件落着《いっけんらくちゃく》。

まぁ、よしとするか。

＊エピソード４＊

出発当日《しゅっぱつとうじつ》。空港《くうこう》へ。今回《こんかい》の旅行《りょこう》はゆんみの両親《りょうしん》もいっしょだった。

ゆんみは重《おも》いカバンをかかえている。なにせ、わたしの分《ぶん》も入《はい》っているからね。

ぜぇぜぇ。

ゆんみは汗《あせ》を垂《た》らしている。暑《あつ》いだろうなぁ。

空港《くうこう》に着《つ》くと、ゆんみは休《やす》む間《ま》もなく、成田動物検疫所《なりたどうぶつけんえきしょ》へ。項目《こうもく》8の、健康診断《けんこうしんだん》と『輸出検疫証明書《ゆしゅつけんえきしょうめいしょ》』を作成《さくせい》してもらった。そのあと、わたしのトイレタイム。

出国手続《しゅっこくてつづき》きを終《お》えて、ゲートへ行《い》った。

ふ〜、ゆんみは、そこでようやく休憩《きゅうそく》。

休《やす》んでいると、航空会社《こうくうがいしゃ》の案内係《あんないがか》りがやってきた。

「ゆんみさんと、サミーですね」

「はい、そうです」

「お待《ま》ちしておりました」

ゆんみは航空会社《こうくうがいしゃ》に前《まえ》もって聴導犬《ちょうどうけん》を連《つ》れていくことを連絡《れんらく》していた。

犬連《いぬづ》れで成田《なりた》の出国《しゅっこく》ゲートをうろうろしていたら、目立《めだ》つよね。

機内《きない》へは優先的《ゆうせんてき》に入《はい》ることができた。シートもわたしのことを考《かんが》えてくれて、シート間隔《かんかく》は広目《ひろめ》だった。

ありがとう。

ハワイまで、長《なが》いフライト。太平洋《たいへいよう》の真《ま》ん中《なか》にハワイ諸島《しょとう》はある。

ハワイに着《つ》いた。

現地《げんち》の係員《かかりいん》が迎《むか》えに来《き》た。ゆんみの両親《りょうしん》とゆんみとわたしを意気揚々《いきようよう》と誘導《ゆうどう》して通関《つうかん》を通過《つうか》、荷物《にもつ》の受《う》け取《と》りブースまで来《き》てしまった。

あれれれ？

ハワイの検疫所《けんえきしょ》はどうなっちゃったの？

あんなに必要《ひつよう》な書類《しょるい》のことで、苦労《くろう》したのに……。

係員《かかりいん》もそのことに気《き》がついたらしい。なにやら慌《あわ》てて電話《でんわ》しているぞ。頭《あたま》をかいている。おっちょこちょいだなぁ。

「ゆんみさん、すいません。本来《ほんらい》ならまず検疫所《けんえきしょ》に寄《よ》って必要書類《ひつようしょるい》を提出《ていしゅつ》、輸入《ゆにゅう》検疫証明書《けんえきしょうめいしょ》を作成《さくせい》しなければなりませんでした。順番《じゅんばん》は逆《ぎゃく》になってしまいましたが、検疫所《けんえきしょ》へご案内《あんない》いたします」

意気消沈《いきしょうちん》した歩《ある》き方《かた》だなぁ。でも、ありがとう。犬用《いぬよう》のパスポートがあったら、こんな苦労《くろう》はしないですんだのにね。

空港《くうこう》ロビーを出《で》ると、日差《ひざ》しが強《つよ》い。さすがにハワイだ。

ゆんみの友《とも》だちがレイをもって、ゆんみの首《くび》にかけてくれた。

＊エピソード5＊

ゆんみとわたしはハワイで七日間《なのかかん》すごした。

ハワイは補助犬《ほじょけん》の理解度《りかいど》が高《たか》かった。アメリカでも州《しゅう》によってその対応《たいおう》が違《ちが》っていたのだが、ハワイでは気持《きも》ちよくすごせた。

ゆんみがハワイで最初《さいしょ》に朝食《ちょうしょく》をとったのはタイレストラン。

ゆんみはいつものようにわたしを連《つ》れて、当《あ》たり前《まえ》のように店《みせ》に入《はい》った。店員《てんいん》は、ちょっと首《くび》をかしげたけど、オレンジのケープにオレンジのリードで、すぐにわかった。

「聴導犬《ちょうどうけん》だね。どうぞ。こっちがワンちゃんのスペースが取《と》れて、しかも風通《かぜとお》しがいいですよ」

「ありがとう」

ぜんぜん、ストレスたまらないなぁ。変《へん》な目《め》で見《み》られることも少《すく》ないし。

ゆんみも、すごくリラックスしている。

ゆんみが、のんびりと朝食《ちょうしょく》を終《お》えるまで、静《しず》かに待《ま》った。

七日間《なのかかん》、わたしとゆんみはいつもいっしょに、お店《みせ》に入《はい》って食事《しょくじ》をし、海《うみ》をながめて、そして散歩《さんぽ》した。突然《とつぜん》、ほかの犬《いぬ》から吠《ほ》えられることもないし、しっぽを踏《ふ》まれることもなかった。

久《ひさ》しぶりにのびのびできた。

ゆんみは久《ひさ》しぶりにアメリカ手話《しゅわ》と英語《えいご》が使《つか》えてうれしそうだ。

＊エピソード6＊

ゆんみのハワイの友人《ゆうじん》の家《いえ》に遊《あそ》びに行《い》った。

その家《いえ》は、猫《ねこ》を飼《か》っていた。こいつが、なかなかすばしっこくて、頭《あたま》がよく隠《かく》れるのがうまい。

ゆんみは、友人《ゆうじん》の部屋《へや》で、メールをチェックしている。ま、ちょっとのあいだならいいか。猫《ねこ》を追《お》いかけた。山《やま》のブッシュへ逃《に》げ込《こ》んだ。

待《ま》て、待《ま》て！　捕《つか》まえちゃうぞ。

そのころ、わたしと猫《ねこ》がいなくなっていることに、家《いえ》の人《ひと》とゆんみの両親《りょうしん》が気《き》づいた。

「サミーが、猫《ねこ》を追《お》いかけて裏山《うらやま》に入《はい》った」

「いや、猫《ねこ》がサミーを挑発《ちょうはつ》して、裏山《うらやま》に誘《さそ》い込《こ》んだ」

もう、いいかげんに、戻《もど》ってこい！

家《いえ》の人《ひと》やゆんみの両親《りょうしん》が心配《しんぱい》して、大《おお》きな声《こえ》を出《だ》している。

「サミー、戻《もど》ってこい！」

わたしの名前《なまえ》を呼《よ》んでいる。でも、ゆんみの声《こえ》じゃない。もうしばらく、猫《ねこ》の探索《たんさく》をつづけよう。

「サミー、サミー。カモン」

あ、あの声《こえ》はゆんみ。戻《もど》らなくっちゃ。

へへへへ

わたしが猫《ねこ》を追《お》いかけてたのしかったという顔《かお》を見《み》たゆんみは、

「まったくも。まあ、いいストレス発散《はっさん》になった？　いい顔《かお》しているよ。中《なか》に入《はい》ってね。猫《ねこ》の追《お》いかけっこはおしまい」

戻《もど》ってきたわたしを見《み》て、ゆんみの友人《ゆうじん》とゆんみの両親《りょうしん》が、文句《もんく》を言《い》った。

「不公平《ふこうへい》だ。わたしがいくら呼《よ》んでも来《こ》なかったのに。ゆんみの声《こえ》ですぐ戻《もど》ってくるなんて。でもこれではっきりわかった。サミーはゆんみ以外《いがい》は聞《き》く耳《みみ》を持《も》たないのね。ゆんみが危険《きけん》になればサミーはきっとすぐ助《たす》けに行《い》けるね。ずっとゆんみだけを見《み》ているね。安心《あんしん》だね」

たのしかった七日間《なのかかん》は、すぐに終《お》わってしまった。

ゆんみは友人《ゆうじん》にお願《ねが》いして、わたしを獣医《じゅうい》さんに連《つ》れていった。日本《にほん》を出《で》るときに健康診断書《けんこうしんだんしょ》を作成《さくせい》してもらったように、日本《にほん》に帰国《きこく》するときにも健康診断書《けんこうしんだんしょ》が必要《ひつよう》だった。

獣医《じゅうい》さんが、お尻《しり》から体温計《たいおんけい》を入《い》れる。聴診器《ちょうしんき》で鼓動《こどう》を聞《き》く。

「いい音《おと》だねぇ」

ほめられた。その健康診断書《けんこうしんだんしょ》をハワイ動物検疫所《どうぶつけんえきしょ》へ持《も》っていって『輸出検疫証明書《ゆしゅつけんえきしょうめいしょ》』を作成《さくせい》した。

さぁ、あとは飛行機《ひこうき》に乗《の》るだけだ。ハワイよ、さらば！

成田《なりた》に着《つ》いた。

通関《つうかん》してから動物検疫所《どうぶつけんえきしょ》へ行《い》って、ハワイで発行《はっこう》した『輸出検疫証明書《ゆしゅつけんえきしょうめいしょ》』を提《てい》出《しゅつ》し、一四日間《かかん》成田《なりた》で検疫《けんえき》を受《う》ける代《か》わりに、自宅《じたく》で監査《かんさ》することになっていた。

毎日《まいにち》、書類《しょるい》に必要項目《ひつようこうもく》を記《き》していく。吐《は》き気《け》がないか、食欲《しょくよく》はどうか、などを記録《きろく》していく。一週間《しゅうかん》たったら一週間分《しゅうかんぶん》の記録《きろく》を検疫所《けんえきしょ》にファックスで報告《ほうこく》する。一四日《か》の最終日《さいしゅうび》には成田動物検疫所員《なりたどうぶつけんえきしょいん》がゆんみの家《いえ》まで来《き》て、狂犬病《きょうけんびょう》にかかっていないか、そのほかの病気《びょうき》はどうかを直接《ちょくせつ》、最終《さいしゅう》チェックすることになっている。

それにしても、日本《にほん》は暑《あつ》いなあ。

エピソード7

ゆんみが働《はたら》いている会社《かいしゃ》の近《ちか》くに、公園《こうえん》がある。

仕事《しごと》の合間《あいま》の息抜《いきぬ》きと、わたしのトイレ散歩《さんぽ》のために、この公園《こうえん》に来《く》る。

この公園《こうえん》にはちょっとした裏山《うらやま》があって、のぼったり下《くだ》ったりできるんだ。

ちょうどその日《ひ》、ゆんみとわたしはトイレ散歩《さんぽ》でここに来《き》ていた。

あれれ？　なんか泣《な》いている。

わたしは、そこへ行《い》った。すると、子犬《こいぬ》がいる。

迷子《まいご》？　それとも、捨《す》てられちゃったの？

ゆんみは、崖《がけ》の下《した》でわたしを待《ま》っている。わたしは崖《がけ》の上《うえ》の草薮《くさやぶ》の奥《おく》にいた。

ゆんみのところからじゃ、この子犬《こいぬ》、見《み》えないよ。どうしよう。

ゆんみに来《き》てもらうにはここで待《ま》とう。

「サミー。そろそろ戻《もど》るよ」

でもわたしは崖《がけ》から降《お》りなかった。しびれを切《き》らしたゆんみがわたしを探《さが》しに崖《がけ》をのぼってきた。

「どうしたの？　サミー。なにかあったの？」

ゆんみ、ゆんみ、大変《たいへん》だよ。こっち、こっち、こっちに来《き》て！

ゆんみ、子犬《こいぬ》を発見《はっけん》した。

ゆんみ、思《おも》わず英語《えいご》で、言《い》う。

「Come on《カモーン》（おいで）！Come on《カモーン》（おいで）！That is《ザッツ》 Okay《オウケイ》（だいじょうぶだよ）」

あのね、ゆんみ、ここは日本《にほん》だよ。子犬《こいぬ》も日本語《にほんご》しかわからないよ、きっと。

ゆんみは、そんなことおかまいなしに、いっぱい子犬《こいぬ》に話《はな》しかけている。

子犬《こいぬ》は最初《さいしょ》、怖《こわ》がっていたけど、そのうちにゆんみの気持《きも》ちがわかったみたいで、少《すこ》しずつ、ゆんみに近《ちか》づいた。

「Good《グッド》（いい子《こ》だね）、Good《グッド》（いい子《こ》だね）」

まだ、英語《えいご》でやってるよ。ゆんみ、ここは日本《にほん》だって。

子犬《こいぬ》がゆんみの顔《かお》をベロベロなめている。

ゆんみはこの子犬《こいぬ》に見覚《みおぼ》えがあった。

数日前《すうじつまえ》にいつものように会社《かいしゃ》のまわりを、わたしの散歩《さんぽ》がてらにひとまわりしたときだった。電柱《でんちゅう》に気《き》になるものが貼《は》ってあった。

『迷子犬《まいごいぬ》を探《さが》しています』

とてもかわいい子犬《こいぬ》の写真付《しゃしんつ》きの貼《は》り紙《がみ》だった。もしかしたら、その子犬《こいぬ》かもしれないと思《おも》った。

ゆんみはその子《こ》を抱《だ》っこして、交番《こうばん》へ向《む》かった。迷子《まいご》の届《とど》けが出《で》ているかもしれない。

交通量《こうつうりょう》の多《おお》い、大通《おおどお》りを横切《よこぎ》るとき、その子《こ》は、すごく震《ふる》えていた。きっと、怖《こわ》い思《おも》いをしたんだろうな。

交番《こうばん》に近《ちか》づいてきた。

「この子《こ》、あそこの公園《こうえん》で見《み》つけました。サミーが見《み》つけたんです。迷子《まいご》かもしれません」

「もし、飼《か》い主《ぬし》さんが見《み》つからなかったら、あなたがこの子《こ》を飼《か》いますか？」

「サミーがいるし……」

「そうですか。では、警察《けいさつ》のほうで捜《さが》しますから」

「その前《まえ》に、向《む》こうの電柱《でんちゅう》に迷子《まいご》の貼《は》り紙《がみ》を見《み》たのです。確認《かくにん》してもらえますか？」

「ほう、貼《は》り紙《がみ》が……」

しばらくして、おまわりさんが、その貼《は》り紙《がみ》をはがして持《も》ってきた。

その貼《は》り紙《がみ》には子犬《こいぬ》の特徴《とくちょう》が書《か》かれていた。ゆんみはおまわりさんといっしょに特徴《とくちょう》をひとつずつ確認《かくにん》していた。

鼻《はな》のところが黒《くろ》い。

「うん、うん、黒《くろ》いね」

しっぽが長《なが》い。

「うん、うん、長《なが》いね」

リードのところに緑《みどり》の鈴《すず》がついています。

「あった、緑《みどり》の鈴《すず》がついているね。猫《ねこ》みたい」

名前《なまえ》はロン。

「ロンちゃん!」

声《こえ》をかけたら、子犬《こいぬ》が振《ふ》り向《む》いた。

「この子《こ》はその貼《は》り紙《がみ》の子《こ》であることは間違《まちが》いない」

おまわりさんは、ほっとした表情《ひょうじょう》。ゆんみははやく電話《でんわ》してと催促《さいそく》する。

「電話《でんわ》は〇〇〇……と」

その飼《か》い主《ぬし》さん、すぐにやってきた。

「ロンちゃんっ！」

涙声《なみだごえ》だ。しっかりと抱《だ》きしめた。子犬《こいぬ》のロンも、うれしそうにしっぽをいっぱい振《ふ》っている。

よかったぁ。

「どなたが、うちのロンちゃんを見《み》つけてくれたのですか」

「ここにいる、ゆんみさんです」

ロンちゃんの飼《か》い主《ぬし》のママさんが、ゆんみに、ありがとう、って何度《なんど》も言《い》っている。

「違《ちが》うんです。見《み》つけたのはサミーなんです。聴導犬《ちょうどうけん》なんです。わたしは、サミーにうながされて、ロンちゃんを見《み》つけたのです。お礼《れい》ならサミーにお願《ねが》いします」

「サミーちゃん、ありがとう」

照《て》れちゃうなぁ。

ロンちゃんは九日前《ここのかまえ》の雨《あめ》の日《ひ》、いなくなったそうです。飼《か》い主《ぬし》のママさんは、心配《しんぱい》して迷子《まいご》ペット探偵《たんてい》に依頼《いらい》して捜索《そうさく》していたけれど、今《いま》まで見《み》つからなかった。

でも、見《み》つかってよかった。

ほんとうに、よかった。

——あとがき——

長《なが》い文章《ぶんしょう》を最後《さいご》まで読《よ》んでいただき、ありがとうございます。

サミーと私《わたし》の物語《ものがたり》でした。

まだまだ、二人《ふたり》の物語《ものがたり》はつづきます。いいことも悪《わる》いことも、いろいろあると思《おも》いますが、いっしょに乗《の》り越《こ》えていきたいと思《おも》っています。

さて、私《わたし》がこの本《ほん》で言《い》いたかったことは、犬《いぬ》のことをもっと大切《たいせつ》にしていただけたら、ということです。

犬《いぬ》は信頼《しんらい》を裏切《うらぎ》りません。だから、犬《いぬ》に対《たい》して嘘《うそ》をついてはいけません。

私《わたし》はサミーと出会《であ》って多《おお》くのことを学《まな》び、サミーからたくさんの愛《あい》をもらいました。サミーがたくさんまわりに愛《あい》を配《くば》っているように思《おも》えます。

サミーといっしょにいることで、たくさんの人《ひと》に出会《であ》えることができました。

今回《こんかい》、この本《ほん》では『サミー日記《にっき》』みたいに書《か》きましたが、サミーが思《おも》ったことを私《わたし》なりに表現《ひょうげん》したつもりです。また、私《わたし》の気持《きも》ちをサミーの言葉《ことば》で代弁《だいべん》させてもらったところもあります。

犬《いぬ》といっしょの生活《せいかつ》は、ほんとうに心豊《こころゆた》かにします。

最近《さいきん》、テレビや新聞《しんぶん》で報道《ほうどう》される子《こ》どもたちや動物《どうぶつ》たちへの虐待《ぎゃくたい》に、心《こころ》が痛《いた》みます。弱《よわ》いものをいじめて、平然《へいぜん》としている大人《おとな》が多《おお》いのには驚《おどろ》きます。そして、わたしは子《こ》どもも動物《どうぶつ》もちゃんとした教育《きょういく》や愛情《あいじょう》を注《そそ》げば注《そそ》ぐほど返《かえ》ってくるものだと信《しん》じています。

ある人《ひと》は言《い》います。

「いつもサミーといっしょで大変《たいへん》だね。置《お》いていけば」

大変《たいへん》？　なにが大変《たいへん》だと言《い》うのでしょう。なにも大変《たいへん》なことはありません。

大変《たいへん》なのは、周囲《しゅうい》の理解《りかい》がないことです。

私《わたし》はアメリカで長《なが》い期間生活《きかんせいかつ》してきました。サミーがいたから、がんばれたこ

ゆんみはわたしにとって、世界《せかい》で一番大切《いちばんたいせつ》な人《ひと》だよ。

とは多《おお》くあります。サミーがいたから、ひとりでもいろいろなことができたのです。アメリカにいたときのほうが、サミーの必要性《ひつようせい》をつよく感《かん》じます。サミーの存在《そんざい》が大《おお》きいことを実感《じっかん》できます。

でも、日本《にほん》では、さっきの言葉《ことば》にあるように、「置《お》いていったら」と言《い》われるようなことが多《おお》いのです。

サミーは私《わたし》に必要《ひつよう》です。でも、日本《にほん》では、サミーが活動《かつどう》する環境《かんきょう》があまりにも乏《とぼ》しく、社会《しゃかい》はサミーの存在《そんざい》を、ときとして「邪魔《じゃま》」「置《お》いていけば」という具合《ぐあい》に捉《とら》えているように感《かん》じます。日本《にほん》の社会《しゃかい》は、サミーを必要《ひつよう》とはしていないのです。それよりも、排除《はいじょ》してしまう方向《ほうこう》へあるようにさえ思《おも》えます。

サミーを日本《にほん》の社会《しゃかい》になじませようと、私《わたし》なりにがんばっていますが、限界《げんかい》があります。それは、根本的《こんぽんてき》な「人《ひと》と犬《いぬ》とが共存《きょうぞん》できる社会《しゃかい》と文化《ぶんか》」が、まだ日本《にほん》にしっかりと根付《ねづ》いていないからだと感《かん》じます。

日本《にほん》とアメリカの補助犬《ほじょけん》の数《かず》の違《ちが》い。それが、そのまま「犬《いぬ》と人《ひと》が共存《きょうぞん》できる文化《ぶんか》」の違《ちが》いだと、感《かん》じます。

補助犬法《ほじょけんほう》による認定試験《にんていしけん》の際《さい》、こう言《い》われました。

「サミーを普通《ふつう》の犬《いぬ》に戻《もど》すか、このまま日本《にほん》の社会《しゃかい》にあわせて聴導犬《ちょうどうけん》として教育《きょういく》していくか、どちらかの選択《せんたく》になります」

二者択一《にしゃたくいつ》、どちらかを選《えら》べ、ほんとうに、それでいいの？　と思《おも》いました。

聴導犬《ちょうどうけん》として合《あ》うかどうか、それを、健常者《けんじょうしゃ》が決める。

健常者《けんじょうしゃ》にとって都合《つごう》のいい犬《いぬ》を認定《にんてい》するような気《き》がしてなりません。

たしかに私《わたし》が日本《にほん》にいたときは聴導犬《ちょうどうけん》を必要《ひつよう》としなかった。でも、アメリカで聴導犬《ちょうどうけん》という言葉《ことば》に出会《であ》い、アメリカでひとりで暮《く》らしていくうえで、いろいろな理由《りゆう》が重《かさ》なって聴導犬《ちょうどうけん》が必要《ひつよう》になりました。しかし、いま私自身《わたしじしん》の都合《つごう》で、日本《にほん》だから聴導犬《ちょうどうけん》は必要《ひつよう》ないとしたら、サミーの今《いま》までの働《はたら》きがなくなりサミーの気持《きも》ちを裏切《うらぎ》ることになります。

「私《わたし》にとって必要《ひつよう》な聴導犬《ちょうどうけん》」――それがほんとうの聴導犬《ちょうどうけん》です。それがサミーなのです。

サミーはおそらくほかの人《ひと》にとっては、聴導犬《ちょうどうけん》としては適合《てきごう》しない犬《いぬ》だと思《おも》います。私《わたし》だからこそ、聴導犬《ちょうどうけん》になれるのです。

なぜか？

それは、サミーが私《わたし》のために聴導犬《ちょうどうけん》になろうとがんばっているからです。私《わたし》とそのように心《こころ》を通《かよ》わせているからです。

サミーが私《わたし》のために聴導犬《ちょうどうけん》になろうとしているのがわかるから、私《わたし》もがんばろうという気持《きも》ちになるのです。

認定式《にんていしき》のとき、私《わたし》はこう宣言《せんげん》しました。

「サミーは日本社会《にほんしゃかい》に溶《と》け込《こ》んでいないでしょう。でも私《わたし》はサミーの気持《きも》ちを尊《そん》重《ちょう》して、日本社会《にほんしゃかい》の中《なか》ではサミーをサポートして少《すこ》しずつ、慣《な》らしていくしかないと思《おも》います」

聴導犬認定《ちょうどうけんにんてい》2号《ごう》をいただいて、実際《じっさい》に社会《しゃかい》に出《で》ると、私《わたし》もサミーも怒《おこ》りたくなるようなことがたくさんあります。でも、それが日本《にほん》の社会《しゃかい》である以上《いじょう》は、それに合《あ》わせるしかありません。

アメリカにいるとき、私《わたし》は安心《あんしん》していました。サミーを信《しん》じきって、サミーを見《み》なくても、サミーはじっとしていることができました。しかし、日本《にほん》ではサミーはピリピリ神経《しんけい》をとがらせています。ですから、私《わたし》もサミーから眼《め》を離《はな》さないように心《こころ》がけています。

サミーがウーと、うなりそうだと思《おも》ったら、すぐ私《わたし》のほうに向《む》けたり、なでたりして、サミーの気持《きも》ちを落《お》ちつかさせています。サミーに嫌《いや》な思《おも》いをさせたくないし、サミーの行動《こうどう》で勘違《かんちが》いされて聴導犬《ちょうどうけん》は危険《きけん》とかそういう偏見《へんけん》を持《も》たれたくないのです。だから、日本《にほん》にいるほうが私《わたし》の気《き》は抜《ぬ》けません。

サミーがうまく日本《にほん》の社会《しゃかい》に溶《と》け込《こ》めないのなら、ハワイで見《み》たサミーの笑顔《えがお》が見《み》られるなら、もう一度《いちど》アメリカで職《しょく》を見《み》つけて、お互《たが》いにいい顔《かお》でやっていきたいと思《おも》ったりもしました。

でも、そうやって弱音《よわね》を吐《は》くわけにはいきません。

私《わたし》はサミーのことを福祉道具《ふくしどうぐ》として見《み》ていません。サミーが子《こ》どものときから、ずっと私《わたし》ひとりで育《そだ》ててきましたので、娘同様《むすめどうよう》です。いまは日本《にほん》にいる以上《いじょう》、サミーと私《わたし》が気持《きも》ちよく暮《く》らせるためには、前《まえ》に進《すす》むしかないのです。私《わたし》がいままで困難《こんなん》を克服《こくふく》してやっていったように、いまはサミーといっしょに道《みち》を拓《ひら》くしかありません。

私《わたし》は機会《きかい》があれば、またサミーを連《つ》れてアメリカで暮《く》らすかもしれませんが、いまは私《わたし》の生《う》まれ育《そだ》った日本《にほん》で、サミーの母親《ははおや》として、パートナーとしてアメリカでずっとサミーが私《わたし》を支《ささ》えてくれたように、今度《こんど》は私《わたし》がサミーを支《ささ》えていきたいと思《おも》います。それがパートナーなのだから。

そしてサミーはほんとうに天使《てんし》からの贈《おく》りものだと思《おも》います。

みんなに、たくさんの幸《しあわ》せを運《はこ》んでくれてありがとう。

つくり笑顔《えがお》はいくらでもつくれるけど、心《こころ》に笑顔《えがお》をつくることは難《むずか》しいことだよ。でも、いつも心《こころ》が笑顔《えがお》でいられるのは、サミーのおかげだよ。サミーはまさしく天使《てんし》からの贈《おく》りもの。その幸《しあわ》せを多《おお》くの人《ひと》に配《くば》ってあげたい。

サミーはずっと私《わたし》といっしょに苦楽《くらく》をともにしてきました。私《わたし》が独《ひと》りぼっちになったとき、病気《びょうき》になったとき、独《ひと》りで引《ひ》っ越《こ》さなければならなかったとき、そのすべての時間《じかん》をともにすごしました。

そのときは家族《かぞく》は日本《にほん》にいて、私《わたし》の側《そば》にはサミーだけがいました。サミーだけが、私《わたし》のアメリカでの足跡《あしあと》を知《し》っているのです。

サミーはなにも言《い》わずにずっと私《わたし》の側《そば》にいてくれました。本来《ほんらい》なら度重《たびかさ》なる引《ひ》っ越《こ》しは犬《いぬ》にも相当《そうとう》のストレスを与《あた》えますが、サミーは私《わたし》についてきてくれました。だからいまサミーは、私《わたし》がただの箱《はこ》を作《つく》るだけで嫌《いや》がります。もう、引《ひ》っ越《こ》しは嫌《いや》だよ、やめて、やめて、と私《わたし》に訴《うった》えます。

サミーはずっと私《わたし》の行動《こうどう》を見《み》てきましたから、私《わたし》がつぎになにをやるのか、なにが必要《ひつよう》なのかわかっています。こんな素敵《すてき》なパートナー、娘《むすめ》はほかにいません。サミーが一番《いちばん》なのです。母《はは》に言《い》われたのです。

「彼《かれ》とサミー。どっちを取《と》る？」

「もちろん、サミー。サミーは裏切《うらぎ》らない。死《し》ぬまで。彼《かれ》は別《わか》れることがあるから」

「あきれた」

それくらい私《わたし》とサミーはいっしょで、強《つよ》い絆《きずな》で結《むす》ばれているのです。

最後《さいご》に聴導犬普及協会《ちょうどうけんふきゅうきょうかい》のパーティーで知《し》り合《あ》ったハート出版《しゅっぱん》の方々《かたがた》に感謝《かんしゃ》しています。私《わたし》が何気《なにげ》なく親《おや》ばかのようにサミーのことを語《かた》っただけで興味《きょうみ》を持《も》っていただいて、この本《ほん》ができあがりました。そしてなによりも犬のことを大事《だいじ》に、生《い》きるものはすべて大事《だいじ》にしている姿勢《しせい》が見《み》られてうれしかったです。名前《なまえ》のようにハートがいっぱいな出版会社《しゅっぱんがいしゃ》で出版《しゅっぱん》された本《ほん》に出会《であ》った人々《ひとびと》はハートを暖《あたた》かくしているのでしょう。サミーのことを書《か》いて、出版《しゅっぱん》させていただく機会《きかい》を与《あた》えてくださってどうもありがとうございました。

心《こころ》でゆんみと、いつもお話《はな》ししています。
ゆんみの心《こころ》に、わたしは声《こえ》を伝《つた》えます。

超《ちょう》カンタン手話《しゅわ》講座《こうざ》

――日本で通じる手話です――

ここで紹介する手話は、手話のごくごく一部です。

編集部がまとめました。

まずは実践してください。「こんにちは！」「会えて」「うれしいよ」の三つでまずは会話成立です。手話の解説本などを参考にして、会話の幅をひろげていただければと思います。完璧な手話でなくても、あなたの表情や仕草だけでも、十分に通じます。大切なのは、表情と気持ちです。

まず、あいさつから始めよう

両手の人差し指を曲げる
（お互いに頭を下げる姿だね）

こぶしをつくって、上下させる
（元気だよぉ、という仕草だね）

手のひらを上向き
にして、降ろす

両手を胸の前で上下させる
（うれしくて胸が躍っているね）

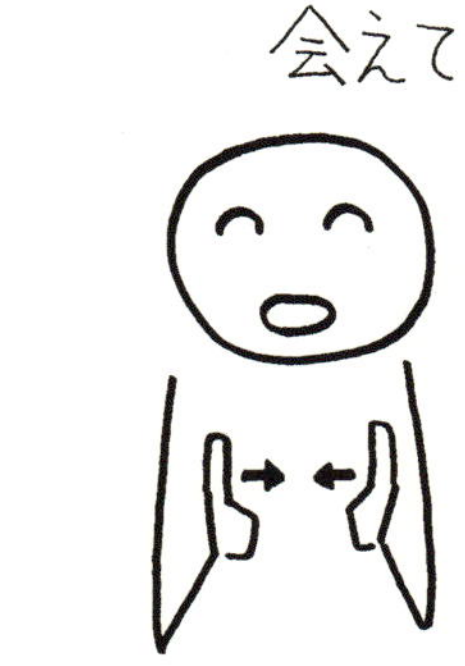

両手の人差し指を近づける

指先を下にして、水平にまわす
（動きまわっているって感じ）

手のひらを上に向け、左右に
（書類をまとめている感じ）

手のひらを上向きにして、降ろす

私は

人差し指を自分の胸にあてる

犬が

四本の指を前にたおす
(犬の耳が折れている様子だね)

好き

親指と人差し指をのどにひらいてあて、つぎに指をつまむようにして、前に軽く出す
(〜してくれませんか？　〜したい、という意味もあります)

かわいい

右手で、左手の甲をなでるように
(頭をナデナデしている様子だね)

です

手のひらで軽く押さえるように
(〜します　〜います、という意味もあります)

たくさん

両側に向けた手を閉じながら、両側に
(ゴムを引き延ばす感じ)

勉強

顔の横においた両手を
同時に前に出す

たのしい
(うれしい)

両手を胸の前で上下させる

だけど

手のひらを軽くまわす

です

手のひらで軽く押さえるように

友だちと

両手をにぎり、胸の前で軽く振る

おもしろい

こぶしでおなかを同時にたたく
（おなかをかかえて笑う、という感じ）

いっしょ

人差し指を前に出し、両側から中央へ
（人と人がくっつく、という感じだね）

です

手のひらで軽く押さえるように

グーからチョキに
（二回目、再度という意味だよ）

これは万国共通の、バイバイ

両手の人差し指を近づける

手話にも方言……

地域によって、じゃっかん違うことがあるようです。また、右手、左手の区別はありません。ここでは右手で手話を示しました。

いずれにしても肝心なのは、相手と心を通わせたい、という気持ちです。

（編集部より）

ゆんみ（本名／谷口《たにぐち》　由美《ゆみ》）

1973年東京生まれ。

1992年筑波大学付属聾学校高等部普通科卒業。

1994年中央工学校女子建築設計科卒業。

1994年大成建設（株）入社。96年退社。

1996年アメリカ留学。

主な活動記録
1987年東映教育映画「あたたかい　心　ありがとう」主演。

1990年全国身体障害者スポーツ大会　福岡にて400メートル銀メダル。

1994年手話ライブのきいろぐみに所属。地元の東京世田谷を中心に活動。

2000年 Gallaudet University　卒業（スペイン語）

2002年サンフランシスコ州立大学大学院特殊教育学聾教育科卒業。２州にて教鞭をとる。

2003年帰国
2004年 BASF Japan 入社。

2005年東映教育映画「みみをすます」主演。

主な著書——

「心の鏡」「聾のゆんみがピーターウーマン浦島花子になる」（ともに新風舎）

出版、講演など多方面にて活動中。

著者ホームページ　http://yummypon.hp.infoseek.co.jp

ゆんみの聴導犬《ちょうどうけん》サミー
わたしは心《こころ》を伝《つた》える犬《いぬ》

平成17年４月11日　第１刷発行

著者　ゆんみ
発行者　日高裕明

発行　ハート出版

〒171-0014
東京都豊島区池袋３－９－23
TEL03-3590-6077 FAX03-3590-6078
ハート出版ホームページ http://www.810.co.jp

乱丁、落丁はお取り替えします。その他お気づきの点がございましたら、お知らせ下さい。
ISBN4-89295-510-8
編集担当　藤川すすむ　印刷　中央精版